毎日食べたい
笠原レシピの
決定版！
250品

僕が本当に好きな和食

笠原将弘

主婦の友社

はじめに

僕が子どものころ、父親は焼き鳥屋をやっていた。おやじが作る甘い卵焼きや鶏のから揚げが大好きで、店のカウンターのすみっこで、ごはんといっしょにモリモリ食べていた。白メシ好き、和食好きはこのころから、今も変わらない。

和食は今や、世界でも注目される存在となった。季節感があり、繊細で美しく、体にもやさしいと、ユネスコ無形文化遺産に登録もされた。けれど本家の日本では、残念ながら和食離れが進んでいると聞く。外食をするにも和食は敷居が高かったり、家でもお母さんが、あまり和食を作らなかったり。

僕は『賛否両論』という店を始めるにあたって、日本料理をもっと身近に感じてほしい、という思いをとても強く持っていた。これまで本や雑誌などで料理を紹介してきたのも、たくさんの人に和食のおいしさやすばらしさを知ってほしいから、にほかならない。

この本は、『30分で和定食』（2011年刊）、『白いごはんに合うおかず』（2012年刊）、『和食屋の和弁当』『やみつき極上なべ』（ともに2013年刊）、『絶品和どんぶり』（2014年刊）、『めんどうだから麺にしよう』（2015年刊）、『僕が食べたい和そうざい』（2016年刊）の7冊から厳選したメニューに、おせち料理を追加して1冊にまとめたもの。僕が本当に好きな普段着の和食のレシピと、それらを簡単にかつおいしく作るための、これまでの常識にとらわれないコツなども盛り込まれている。この本が、ひとりでも多くの人の、「和食を作ってみたい」「うちで作る和食がおいしくなった」「和食が好きになった」につながれば、僕としては、とてもうれしい。

笠原将弘

もくじ

はじめに 2
笠原流！和食の極意 8

1章 僕の好きな和そうざい20

鶏から揚げごまねぎポン酢 12
ポテクリコロッケ 14
鶏肉のにんにく照り焼き 16
鶏手羽と卵のウスターソース煮 17
肉じゃが 18
手羽肉じゃが 19
いわしの梅煮 20
いわしのしぐれ煮 21
ぶりごぼう 22
いかと里いものじか煮 23
さばのみそ煮 24
さばの梅みそ煮 25
牛こま玉 26
笠原家の豚こまカレー 27
肉どうふ 28
甘い卵焼き 29
根菜のきんぴら 30
ひじきの煮物 31
昔ながらのマカロニサラダ 32
ポテトサラダ 33

2章 毎日食べたい和のおかず
肉、魚介、卵、とうふ、野菜

「肉」のおかず

和風ハンバーグ 36
鶏肉の和風ハンバーグ 37
しょうゆ味とんカツ 38
牛カルビの焼き肉サラダ 39
チキン南蛮 40
鶏大根 40
鶏のすき煮 41
鶏ハム 41
豚だんごのカレーあんかけ 42
豚ごぼう 42
豚しゃぶキャベツのからし酢みそ 43
牛肉ときのこの大葉バターいため 43

「魚介」のおかず

天ぷら盛り合わせ 44
サーモンの冷製しょうがソース 46
あじの竜田揚げトマトあんかけ 47
銀だらとしらたきの煮つけ 47
たこのねぎ塩マリネ 48
ぶりのごぼう照り焼き 48
鮭と厚揚げのピリ辛煮 49
たいかぶら 49
かじきのしょうが焼き 50
ぶり大根みそ仕立て 50
さわらのわかめみそ蒸し 51
刺し身のサラダ仕立て 51

「卵、とうふ」のおかず

とうふオムレツ 52
とうふのおかか焼き 53
高野どうふのピリ辛煮 53
ねぎベーコンの卵焼き 54
厚揚げそぼろ煮 54
茶わん蒸し 55
コーヤチャンプルー 55
納豆みょうがきつね焼き 55

「野菜」のおかず

- なすと桜えびの田舎煮 … 56
- ごぼうの塩きんぴら … 57
- にんじんのサラダ … 57
- れんこん明太サラダ … 58
- さつまいもとひじきのサラダ … 58
- かぶとささ身のサラダ … 59
- パプリカの白あえ … 59
- 緑の野菜のだしびたし … 60
- もやしとザーサイの煮びたし … 60
- 若竹煮 … 61
- ししとうとじゃこのいため煮 … 61
- 大根とほたて缶のサラダ … 62
- 切り干し大根の土佐煮 … 62
- オクラとわかめのしらすあえ … 63
- 長いもマッシュ … 63
- きゅうりとちくわのごま酢あえ … 63

3章 僕のとっておき！ごはんとめん

とっておき「ごはん」

- 焼き鳥どん … 66
- 和風ピビンパ … 67
- カツどん … 68
- ソースカツどん … 69
- みそカツどん … 69
- カツ茶づけ … 69
- 親子どん … 70
- ささ身のタコライス … 70
- 海鮮ひつまぶし … 71
- 深川どん … 71
- 笠原流TKG … 72
- ツナアボカドどん … 72
- ねぎしらすトマトどん … 73
- 鮭とキャベツの卵おじや … 73

大好きな「めん」

- 思い出の焼きうどん … 74
- ふわとろ卵とじうどん … 75
- きつねうどん … 75
- 王道！肉うどん … 75
- あつあつなべ焼きうどん … 76
- 肉みそたっぷりジャージャーうどん … 76
- シャキシャキみょうが豚しゃぶうどん … 77
- オイスター釜玉うどん … 77
- 和食屋のカレーうどん … 77
- すだちそば … 78
- しらすとクレソンのぶっかけそば … 78
- 日の丸そば … 79
- やみつき納とうふそば … 79
- たいにゅうめん … 80
- 温玉アボカドそうめん … 80
- 野菜たっぷりそうめん二郎 … 80
- トマトとなめこの白みそペンネ … 81
- たことすいかの梅冷やし中華 … 81
- ＊万能めんつゆ … 82
- ＊めんの薬味 … 82
- ＊変わりだれ … 83

4章 和定食と和べんとう

「和定食」

- ポークのトマト照り焼き定食 … 86
- ぶりの塩焼き定食 … 88
- 鶏肉のパリパリ焼き定食 … 90
- 豚肉のトマトしょうが焼きどん定食 … 91
- かじきのごまじょうゆ焼き定食 … 92
- さばのしょうがマヨネーズ焼き定食 … 93
- 牛どん定食 … 94
- ほたてサラダどん定食 … 95

「汁、スープ」

- 玉ねぎと油揚げのみそ汁 …… 96
- 笠原家の野菜スープ …… 96
- 梅きゅうりの冷製とろろ汁 …… 97
- かす汁 …… 97
- 豚肉のくず打ち沢煮椀 …… 97
- ほたてしんじょのお椀 …… 97
- なすとかぼちゃのみそ汁 …… 98
- うの花汁 …… 98
- おかかとのりの簡単みそ汁 …… 98
- ごま豚汁 …… 98
- じゃがバタコーンのみそ汁 …… 99
- トマト豚汁 …… 99
- 鶏肉と白菜の豆乳みそ汁 …… 99
- いろいろ野菜のすり流し …… 99

「和べんとう」

- 鶏もも肉の照り焼きべんとう …… 100
- 豚肉のしょうが焼きべんとう …… 102
- とうふハンバーグべんとう …… 103
- すき焼きべんとう …… 104
- 牛肉の香味焼きべんとう …… 105
- さばの竜田揚げべんとう …… 106
- さわらのごまだれ焼きべんとう …… 107
- スペシャルのりべん …… 108
- なんちゃってかき揚げどんべんとう …… 109

＊べんとう作りのオキテ！ …… 100
＊おべんとうの詰め方 …… 110

5章 作りおきおかずと漬け物

- 手羽の甘辛だれ …… 112
- 銀だらの西京焼き …… 113
- えびシューマイ …… 114
- 煮豚と煮卵 …… 115
- 鶏胸南蛮 …… 116
- 豚肉のにんにくはちみつ漬け …… 117
- あじのオイル漬け …… 118
- 牛肉のつくだ煮 …… 119
- ししゃもと切り干しの南蛮漬け …… 119
- しっとり鶏ひきおから …… 120
- ゆで卵の酢みそ漬け …… 120
- かぼちゃの塩バター煮 …… 121
- 鶏レバーのしょうが煮 …… 121
- 豆こぶ …… 122
- 梅きのこ …… 122
- じゃこえびセロリ …… 123
- 野菜の南蛮漬け …… 123

「漬け物」

- きゅうりのキューちゃん風 …… 124
- 自家製べったら漬け …… 124
- 和風ピクルス …… 125
- 切り干し大根のはりはり漬け …… 125
- なすのからし漬け …… 125
- トマトとみょうがの甘酢漬け …… 126
- 大根の砂糖漬け …… 126
- きゅうりのヨーグルト漬け …… 126
- キャベツとセロリの浅漬け …… 127
- 三色パプリカみそ漬け …… 127
- 白菜おかか漬け …… 127

6章 和のごちそう
なべ、行楽べんとう、おせち

「なべ」

- 王道！寄せなべ …… 131
- 豚とねぎたっぷりすき焼き …… 132
- 石狩なべ …… 133
- 鶏ほたてのつみれなべ …… 134
- カキとキャベツのみそなべ …… 135

かもとクレソンのなべ	136
笠原流ラー油なべ	137
大人のおでん	138
＊なべのだし4種と薬味8種	139

四季の「行楽べんとう」

花見べんとう	140
ビールで花火べんとう	142
紅葉べんとう	144
宴会べんとう	146

笠原流「おせち」

かずのこ	148
田作り	149
黒豆	150
カステラ卵	150
くりきんとん	151
たたきごぼう	151
こぶ巻き	151
えびのうま煮	152
ぶりの西京焼き	152
松風焼き	153
焼き豚	153
たいのきずし	154
紅白なます	154
松前漬け	154
筑前煮	155
＊おせち作りの手順	155
＊おせちの詰め方	149

この本の使い方

● 小さじ1＝5ml、大さじ1＝15ml、1カップ＝200mlです。
● 米は1合＝180mlです。
● 火かげんは特に指示のない場合、中火で調理しています。
● 電子レンジの加熱時間は、500Wのものを使用した場合の目安です。400Wなら1.2倍、600Wなら0.8倍の時間を目安に調整してください。
● 「だし」は和風のだしです。こぶや削り節は好みのもので。「笠原流だし5種」(p.10) で、だしのとり方を紹介しています。
● レシピ上、野菜を「洗う」「皮をむく」などの作業は省略してあります。特に指示のない場合、それらの作業をしてから調理を始めてください。
● 「小麦粉」は特に指示のない場合、薄力粉です。
● 「水どきかたくり粉」は、かたくり粉を同量の水でといたものです。

〈コラム〉	
だし5種	10
おいしいごはんの炊き方	34
僕の好きなおにぎりの話	64
炊き込みごはんとのっけごはん	84
食べるたれ	128
〈下ごしらえ〉	
鶏肉の霜降り	130
魚の霜降り	130
かも肉の下ごしらえ	136
管ごぼうの作り方	138

材料別さくいん ……… 159

作りやすくて食べ飽きない 笠原流！和食の極意

1 食材の味を生かして作る

和食に限ったことではないと思うけど、まず、なによりもたいせつにしてほしいのは、食材から出る味。市販のだしのもとを使ったり、何種類もの食材を組み合わせたりしなくても、食材の持ち味を生かして作れば、深い味わいに仕上がるし、食べ飽きたりもしない。味つけも、食材の味に合わせて調整することが大事。たとえば、大根がすごく甘ければ、砂糖やみりんは減らす。本に書いてある分量にしばられず、食材や全体の味をみながら、めざす味に仕上げていく。

2 白いごはんに合う味つけに

和食の基本は、なんといっても、白いごはんに合う味。主流はやっぱりしょうゆ味かな、と思う。しょうゆ味といっても、いろいろある。ストレートにガツンとしょうゆを感じる味もあれば、だしの中にやさしくしょうゆ味をきかせることもあるし、ソース味にしょうゆを隠し味的に加えることもある。白いごはんには、しっかりめの味つけがうれしいけど、これは、単に調味料をたっぷり使った濃い味とは、少し違う。ピリッと辛いアクセントがあったり、甘みと辛みがバランスよく感じられたり。おかずを一口食べると、白いごはんをパクッと食べたくなるような、そんなメリハリのある味が理想。

3 だしは多めにとっておく

和食に"だし"は欠かせない。実は、だしをとることは、それほどめんどうなことではないのだけど、毎日とるのがたいへんと感じるなら、一度に多めにとって、冷蔵庫で保存しておこう。「だしがある」と思うと、気分的にかなり余裕が持てる。だしのとり方は、10ページで紹介する。

4 下ごしらえは必要なもののみ！

魚のにおいをとる、肉のうまみをとじ込める、など、仕上がりの味に大きく影響する下ごしらえは、手を抜かず、ていねいに。逆に、今まであたりまえにしてきた作業でも、実はそれほど味に影響がない、というものもあり、こうした部分は省く。手間のかけどころを覚えるのも、手早くおいしく作るポイント。詳細は、それぞれのレシピで説明する。

5 段取りを考えてから調理する

これも和食に限らずだけど、料理は段取りが命。材料をそろえ、まず、すべてを切り、合わせ調味料なども準備。冷めてもいいものから作り、アツアツで楽しみたいものは最後に仕上げる。段取りを頭に入れてからとりかかれば、あわてず、手ぎわよく作ることができる。

そろえておきたい 調味料

A 砂糖
料理全般に使える上白糖が便利。くせがなくあっさりとした甘みで、用途を選ばない。

B みそ
まずは、一般的な信州みそを。ちょっとがんばりたい人は、白みそと赤みそをそろえよう。みそ汁は、数種のみそを合わせるとおいしくなる。

C 黒こしょう
日本料理には、白こしょうよりも、黒こしょうのほうが使いやすい。僕は使うときに毎回あらくひいて、香りを生かす。

D みりん
煮物などの照りを出すときにも必須。みりん風調味料ではなく、ぜひ本みりんを。みりん風調味料はアルコール分をほとんど含まず、食塩などが含まれている。

E 酒
料理酒ではなく、安くてもいいので飲める酒を買おう。そのほうが、料理が数段おいしくなる。

F 塩
精製塩は塩辛すぎるので、まろやかな味わいの天然塩を買おう。中でもミネラルを多く含むあら塩がおすすめ。どんな料理にも使える。

G 濃口しょうゆ
材料に、単に"しょうゆ"と書いてあるときは、これを使っている。毎日料理をしないのなら、小さいサイズをこまめに買ったほうがいい。保存は常温でOK。

H 薄口しょうゆ
和食を作るには、薄口しょうゆもそろえておきたい。野菜などの色を生かして仕上げたいときに使う。濃口しょうゆより色は薄いが、塩分は多い。

I 酢
まずは米酢を買おう。ほかの酢よりもうまみが強く、まろやかな酸味があるのが特徴。いろいろな料理に使える。

笠原流 だし 5種

和食の基本は、やっぱり"だし"。だしの香りが台所に漂うと、なんとも幸せな気持ちになる。めんどうなプロセスを省いた「簡単だし」、基本の「一番だし」のほか、「野菜」、「鶏」、「魚介」を使っただしも覚えてほしい。

1 かつおとこぶの簡単だし

一番だしのめんどうなプロセスを排除した簡単だし。
普段のみそ汁や煮物、うどんなどには、これでじゅうぶん。

材料（作りやすい分量）
削り節…30g、こぶ（だし用）…10g、水…5カップ

1 なべに材料すべてを入れ、強火にかける。削り節は1枚1枚からだしを出させるような気持ちで、ほぐしながら全体に広げて入れる。

2 煮立ったら弱火にし、5分ほど煮る。

3 キッチンペーパーを敷いたざるでこす。玉じゃくしの背で、削り節を押して、しぼってもよい。

4 でき上がり。

＊冷蔵で3〜4日間保存できる。

2 かつおとこぶの一番だし

すっきりとした上品な味わいの、基本のだし。
このうまみをストレートに味わえる薄味のお椀などに使う。

材料（作りやすい分量）
削り節…30g、こぶ（だし用）…15g、水…5カップ

作り方
1. なべに分量の水、こぶを入れ、2時間〜半日ほどおく。 2. 弱火にかけてゆっくり沸かし、70度くらいになって、こぶの縁がフツフツしてきたら、こぶをとり出す。 3. 火を強め、煮立ったら削り節をほぐしながら加え、すぐに火を止める。削り節が沈んだら、ひと呼吸おいて、キッチンペーパーを敷いたざるでこす。だしが自然にこされるまで待つ。

＊冷蔵で3〜4日間保存できる。

3 野菜だし

やさしい味のまろやかなだし。
だしをとったあとの野菜は、めんや汁の具にしても。

材料（作りやすい分量）
玉ねぎ…1個、にんじん…½本、トマト…1個、キャベツ…1〜2枚、野菜の皮など…適量、こぶ（だし用）…5g、水…5カップ、塩…小さじ1

作り方
1. 玉ねぎ、キャベツは大きめに切り、にんじんは輪切りにする。トマトはへたをとって十文字に切り目を入れる。 2. なべに材料すべてを入れて中火にかけ、煮立ったら弱火にして20分煮る。 3. キッチンペーパーを敷いたざるでこす。

＊冷蔵で3〜4日間保存できる。

4 鶏だし

うまみの濃いだし。肉は具として利用するほか、サラダやあえ物にすればひと手間で2品作れる。

材料（作りやすい分量）
鶏もも肉…300g、こぶ（だし用）…5g、酒…¾カップ、水…5カップ、塩…小さじ1

作り方
1. なべに湯を沸かし、鶏肉を入れ、色が変わったらとり出す（霜降り）。 2. なべに材料すべてを入れ、中火にかける。煮立ったら弱火にし、20分ほど煮る。 3. キッチンペーパーを敷いたざるでこす。

＊冷蔵で3〜4日間保存できる。
　鶏肉はゆで鶏として、裂いたり刻んだりして使う。

5 魚介だし

魚のあらとこぶから、とにかくいい味が出る。
煮すぎるとくさみが出るので、煮立たせないのがポイント。

材料（作りやすい分量）
たいのあら…½尾分、こぶ（だし用）…5g、酒…¾カップ、水…5カップ、塩…小さじ1

作り方
1. なべに湯を沸かし、たいのあらを入れ、表面の色が変わったらとり出し、冷水で洗う（霜降り）。 2. なべに材料すべてを入れ、中火にかける。煮立ったら弱火にし、20分ほど煮る。 3. キッチンペーパーを敷いたざるでこす。

＊冷蔵で3〜4日間保存できる。

1章

僕の好きな和そうざい20

　そうざいって、どこか懐かしい響きがある。気どらず素朴、なにより日本人になじみ深い飽きない味。焼き鳥屋だったおやじが作っていたコロッケやから揚げ、子どものころから好きだった煮魚、わが家の定番カレー、近所にあった精肉店の味を思い出しながら作るマカロニサラダ。また食べたくなる、これからもずっと食べたい、たくさんの思い出が詰まった味。

> 実家のから揚げといえば、コレだった。
> 鶏肉に調味料や粉をもみ込むのが、
> 1つのボウルでできるからすごくラク。
> 冷めてたれがしみ込んだのが、
> これまたおいしいんだ。

鶏から揚げ ごまねぎポン酢

材料(3〜4人分)
鶏もも肉…3枚(250g×3)
とき卵…1個分
万能ねぎ…5本
いり白ごま…大さじ2
小麦粉…大さじ2
かたくり粉…適量
A│しょうゆ、みりん…各大さじ2
　│あらびき黒こしょう…少々
B│しょうゆ、酢、だし…各大さじ3
　│みりん…大さじ1½
揚げ油…適量

作り方

1. 万能ねぎは小口切りにし、ごま、**B**とまぜ合わせてたれを作る。

2. 鶏肉は大きめの一口大に切ってボウルに入れ、**A**をもみ込んで10分おく。とき卵をもみ込み、さらに小麦粉をしっかりもみ込む。水分が残っていたら捨て、かたくり粉を全体にまぶす。

3. 揚げ油を170度に熱し、**2**の鶏肉の⅓量を入れ、3分揚げる。とり出して3分休ませる。油の温度を少し上げ、ときどき空気にふれさせるようにしながら、さらに2分揚げる。残りも同様に揚げる。

4. 器に盛り、**1**のたれをかける。

二度揚げすることで、表面がカリッとした歯ごたえに。揚げたてに甘酢のたれをかけると、作りたてでも、冷めてもおいしい。

おやじが作っていて、
お客さんにも好評だった名物コロッケ。
ポテトコロッケとクリームコロッケのいいとこどりで、
コクがあってなめらかな絶妙の食感。
ベシャメルソースはダマにならないように、
しっかりまぜよう。

ポテクリコロッケ

材料（3〜4人分）
じゃがいも、玉ねぎ … 各500g
合いびき肉 … 150g
バター … 100g
牛乳 … 2½カップ
塩、こしょう … 各適量
小麦粉、とき卵、パン粉 … 各適量
サラダ油 … 大さじ1
揚げ油 … 適量
レタス … 3〜4枚

作り方

1 じゃがいもは塩ゆでし、竹ぐしがスッと通るまでやわらかくなったら、熱いうちにマッシャーでつぶす。玉ねぎはみじん切りにする。

2 フライパンにサラダ油を熱し、玉ねぎ、ひき肉をしんなりするまでいためる。塩、こしょうで味つけし、出てきた余分な脂はキッチンペーパーに吸わせて除く。

3 ベシャメルソースを作る。大きめのなべにバターをとかし、小麦粉100gを入れ、木べらで香ばしい香りがするまでいためる。牛乳を少しずつ加えながらまぜ、なめらかなクリーム状になるまでしっかりとまぜて火を通す。

4 3に1のじゃがいも、2を加えてまぜ合わせ、塩、こしょうで味をととのえ、冷ます。直径6〜7cmの円盤形に丸め、小麦粉、とき卵、パン粉を順にまぶす。

5 揚げ油を170度に熱し、4を入れて3〜4分揚げる。レタスを敷いて器に盛る。

バターと小麦粉が同量なので覚えやすい。手を休めずしっかりまぜて、ぽってりしてきたらベシャメルソースのでき上がり。

材料（2人分）
- 鶏もも肉…1枚（300g）
- にんにく…2かけ
- ねぎ…½束
- 水菜…1株
- 小麦粉…適量
- A ┃ 酒、みりん、しょうゆ…各大さじ2
  ┃ 水…大さじ2
  ┃ 砂糖…小さじ1
- サラダ油…大さじ1

〈黄身おろし〉
- 大根おろし…大さじ4
- 卵黄…1個分
- 塩…少々

作り方

1. 鶏肉は余分な脂と筋をとる。にんにくはみじん切りにする。ねぎは斜め薄切りにし、水菜は5cm長さに切り、ねぎと水菜をまぜ合わせる。

2. 鶏肉に小麦粉を薄くまぶす。フライパンにサラダ油を熱し、鶏肉を皮目から弱めの中火で焼く。皮がパリッとして焼き色がついたら返し、身のほうも焼く。フライパンの端に、にんにくを加えていためる。

3. 鶏肉にほぼ火が通ったら、キッチンペーパーで余分な脂をふきとり、Aをまぜ合わせて加える。フライパンを揺すりながら、中火で全体にからめる。

4. 食べやすく切って器に盛り、ねぎと水菜を添える。黄身おろしの材料をまぜ合わせ、鶏肉に添える。

鶏肉は皮目から先に焼く。はじめはしっかり押しつけるようにして、その後はあまりさわらず動かさずじっくりと焼くと、皮がパリッと焼ける。

にんにくは最初から入れると焦げるので、鶏肉を返すときに加えて香りをつける。

鶏肉のにんにく照り焼き

甘辛い照り焼きに、
にんにくを加えてパンチのある味に。
まずはそのまま、
次に黄身おろしをのせて食べると、
1皿で2つのおいしさが楽しめる。

鶏手羽と卵の
ウスターソース煮

スパイスのきいた
ウスターソースを煮物の味つけに利用。
隠し味にしょうゆを加えることで、
ごはんに合う味になる。
手羽先はこんがり焼いてから煮て、
香ばしさをプラス。

材料（2人分）
鶏手羽先 … 6本
ゆで卵 … 4個
ねぎ … ½本
A │ 水 … 1カップ
  │ ウスターソース … ½カップ
  │ 酒 … ½カップ
  │ 砂糖、しょうゆ … 各小さじ1
あらびき黒こしょう … 少々

作り方

1. ねぎはごく細く切り、水にさらし、水けをきる。

2. フライパンに手羽先を皮目を下にして入れ、弱めの中火で焼き目をつける。上下を返し、もう片面もこんがりと焼く。

3. Aをまぜ合わせて加え、煮立ったらゆで卵を加える。アルミホイルで落としぶたをし、中火で15分ほど煮て、そのまま冷ます。

4. 器に盛り、1をのせ、黒こしょうを振る。

鶏肉はフライパンで、油なしで皮目から焼く。あまりさわらずじっくりと焼き、このくらいの焼き色がついたら返す。

煮汁が完全に煮立ったら、ゆで卵を加えるタイミング。落としぶたをして、少ない煮汁を全体に回す。

材料(2人分)
豚バラ薄切り肉…200g
じゃがいも(メークイン)…2個
玉ねぎ…½個
にんじん…½本
絹さや…6〜12枚
A | だし…2カップ
　| 酒…½カップ
　| しょうゆ…大さじ3
　| 砂糖…大さじ2

作り方
1. じゃがいもは大きめの乱切りにし、玉ねぎはくし形切りに、にんじんは乱切りにする。絹さやはへたと筋をとる。豚肉は食べやすい大きさに切る。
2. フライパンに豚肉を入れ、薄く色づくまでいためる。最初はあまりさわらずに焼きつけ、全体に焼き色がついたらとり出す。
3. 2のフライパンに、絹さや以外の野菜を入れていためる。
4. 豚肉を戻し入れ、Aを加え、アルミホイルで落としぶたをして10分ほど煮る。
5. 絹さやを加え、さらに3分ほど煮る。

肉のうまみが残っているフライパンで、野菜をいためる。あまりさわらず、じっくり焼きつける。

野菜に薄く焼き色がついたら豚肉を戻し、だしと調味料を加えて煮る。

肉じゃが

肉も野菜も、しっかり焼き目をつけてから煮るのが僕の作り方。こうすると野菜が煮くずれしないし、肉はうまみがとじ込められておいしく煮上がる。

手羽肉じゃが

肉じゃがを手羽先で作れば、
だしは不要。ここでは最初に、
手羽先をこんがり焼くことが大事。
香ばしさが加わって、
うまみがまったく違うから!

材料(3〜4人分)
鶏手羽先…10本
じゃがいも(できればメークイン)…3個
にんじん…½本
玉ねぎ…½個
絹さや…8枚
こぶ(だし用)…3g
A │ 水…2カップ
　│ 酒…½カップ
　│ しょうゆ…大さじ3
　│ 砂糖…大さじ2
サラダ油…大さじ1

作り方

1 手羽先は関節から先を切り落とす。じゃがいもは大きめの乱切りに、にんじんは乱切りにし、玉ねぎはくし形切りにする。絹さやはへたと筋をとる。

2 **A**はまぜ合わせる。

3 大きめのフライパンにサラダ油を熱し、手羽先を皮目から焼く。こんがりと焼き色がついたら上下を返し、もう片面にも焼き色をつける。

4 じゃがいも、にんじん、玉ねぎを加えていため合わせ、野菜にしっかり油が回ったら、**2**、こぶを加える。煮立ったら弱火にし、アルミホイルで落としぶたをして10分煮る。

5 絹さやを加え、さらに5分煮る。

煮魚は僕の大好きなメニューのひとつ。
育ち盛りのころ、
親に「食べなさい！」ってよく出されたっけ。
においが強めのいわしも梅干しと酢で煮ると、
くさみが消えてさっぱり食べられる。

いわしの梅煮

材料（2人分）
いわし…4尾
しいたけ…4個
梅干し…4個
しょうが…20g
A｜水…1½カップ
　｜酒、しょうゆ、みりん
　｜…各大さじ4
　｜砂糖、酢…各大さじ1

作り方

1. いわしは頭と内臓をとり、水で洗う。80度くらいの湯に入れ、表面の色が変わったら氷水または水にとり、水けをふく。

2. しいたけは石づきを切り落とす。しょうがの半量は薄切りにし、残りは針しょうがにする。

3. なべにAを入れて火にかけ、煮立ったら1、梅干し、しいたけを入れ、アルミホイルで落としぶたをして中火で10分ほど煮る。

4. しょうがの薄切りを加え、煮汁を煮詰める。器に盛り、針しょうがをのせる。

いわしはくさみをとるために、霜降りにする。1尾ずつ玉じゃくしにのせて湯につけると簡単。

いわしのしぐれ煮

> 魚の煮物はくずれやすいから、
> できるだけいじらないのがポイント。
> しょうがをたっぷり使って、
> 手軽にくさみを消しつつ香りよく。

材料(3〜4人分)
いわし…6尾
しょうが…60g
しょうゆ…大さじ4
A | 水…1½カップ
　 | 酒…1カップ
　 | 砂糖…大さじ2

作り方

1 いわしは頭と内臓をとって水で洗い、キッチンペーパーで水けをしっかりふく。しょうがはせん切りにする。

2 フライパンに1を並べ入れ、Aを加えて火にかける。煮立ったらスプーンでアクをとり、アルミホイルで落としぶたをして10分ほど煮る。

3 アルミホイルをとり、しょうゆを加え、さらに10分ほど煮る。煮汁が⅓量くらいになったら火を止める。器に盛り、好みで木の芽をのせる。

> ぶり大根はおなじみだけど、
> ぶりとごぼうも相性のいい食材。
> 仕上げに火を強めて、
> 煮汁をしっかりからめよう。
> ゆずの皮と万能ねぎで、
> 彩りとさわやかな香りを添える。

材料(3〜4人分)
ぶり …6切れ
ごぼう …250g
こぶ(だし用) …5g
A｜水 …3カップ
　｜酒 …½カップ
　｜しょうゆ …¼カップ
　｜みりん、砂糖 …各大さじ2
万能ねぎ …5本
ゆずの皮 …¼個分

作り方

1 ごぼうは5cm長さくらいの乱切りにし、水からゆでる。やわらかくなったら水にさらし、水けをきる。ぶりは一口大に切り、湯にさっとくぐらせて霜降りにし、湯をきる。

2 フライパンに1、A、こぶを入れて火にかけ、煮立ったらアクをとり、アルミホイルで落としぶたをして10分煮る。

3 アルミホイルをとって少し火を強め、ときどき煮汁をかけながら5分ほど煮る。煮汁にとろみがついてきたら火を止める。器に盛り、万能ねぎを5cm長さに切ってのせ、ゆずの皮をすりおろして散らす。

魚は火を入れすぎると身がかたくなってしまうので、短い時間で火を通したい。だから、火の通りにくいごぼうは、あらかじめ下ゆでしておく。

ぶりごぼう

いかと里いもの じか煮

田舎のおばあちゃんの作り方を
イメージして、里いもを下ゆでせず、
じか煮に。とろみがついた
煮汁がからんで、ほっとする味。
素朴な料理は気どらず気軽に
作ってこそのおいしさがある、と思う。

材料（3～4人分）
するめいか … 2はい
里いも … 6個
A ｜ だし … 2カップ
　　　酒 … ½カップ
　　　しょうゆ … 大さじ3
　　　砂糖 … 大さじ2½
ゆずの皮 … 少々

作り方

1. いかは足を引き抜いて内臓を除き、胴は皮つきのまま1cm幅の輪切りにし、足は2本ずつに切り分ける。里いもは一口大に切る。

2. なべに**A**と**1**を入れ、煮立ったらアルミホイルで落としぶたをして15分ほど煮る。

3. 里いもに竹ぐしを刺してスッと通ったら火を強め、少し煮詰める。器に盛り、ゆずの皮をせん切りにして散らす。

いかとともに、さっと洗っただけの里いもを煮汁に投入。下ゆでしないことで、ねっとりと濃厚な里いも本来の風味が楽しめる。

魚料理は"下ごしらえが命"だと思っている。霜降りにしてくさみをとっておけば、すでにおいしくできたも同然。煮立った煮汁に入れ、しょうがはあと入れにすると香りが生きる。

さばのみそ煮

材料（2人分）
さば…2切れ
ピーマン…2個
しょうが…1かけ
A｜水…1カップ
　｜酒…½カップ
　｜みそ…大さじ2
　｜砂糖、しょうゆ
　｜　…各大さじ1

作り方

1. さばは皮目に1cm間隔くらいに切り目を入れ、湯にさっとくぐらせて霜降りにする。氷水にとってよごれや余分な油をとり除き、水けをよくふく。

2. ピーマンは縦半分に切って種とへたをとり、食べやすく切る。しょうがはせん切りにする。

3. なべにAを入れて火にかけ、煮立ったら1を皮目を上にして入れる。アルミホイルで落としぶたをし、中火で10分ほど煮る。

4. 2を加え、さらに3分ほど煮る。

魚は煮立った煮汁に入れて煮ると、くさみが出ない。

しょうがは最後！　最初から加えると苦みが出る。

さばの梅みそ煮

梅は青背の魚と相性がいいので、ならばみそ煮にも！と加えてみたら大正解。みそのコクの中にさっぱりとした風味が加わって、食欲がガツンと刺激される。

材料（3〜4人分）
さば…6切れ
なす…3個
しょうが…1かけ（20g）
梅干し…8個
A | 水…2½カップ
　| 酒…½カップ
　| みそ…大さじ5
　| 砂糖…大さじ3
　| しょうゆ…大さじ1
青じそ…5枚

作り方

1 さばは皮目に1cm間隔くらいに切り目を入れ、湯にさっとくぐらせて霜降りにし、湯をきる。なすは皮をむいて縦4つに切る。しょうがは薄切りにする。

2 フライパンにAを入れ、さっとまぜてみそをとく。さばを並べ入れ、あいたところになす、しょうが、梅干しを加え、火にかける。煮立ったらアクをとり、アルミホイルで落としぶたをして10分煮る。さばをとり出し、煮汁を半量になるまで煮詰める。

3 器に盛り、煮汁をかけ、青じそをせん切りにして添える。

材料(3〜4人分)
牛こまぎれ肉 … 400g
玉ねぎ … 2個
しょうが … 20g
しょうゆ … 大さじ5
A｜水 … 1½カップ
　｜酒 … 1カップ
　｜砂糖 … 大さじ3½
木の芽 … 少々
ごはん … 適量

作り方
1. 玉ねぎは繊維を断ち切るように1cm厚さに切り、しょうがはせん切りにする。牛肉は沸騰した湯にさっとくぐらせ、ざるに上げて湯をきる。
2. フライパンに玉ねぎ、しょうがを広げて入れ、牛肉をのせ、Aを加えて火にかける。煮立ったらアクをとり、5分ほど煮る。
3. しょうゆを加え、アルミホイルで落としぶたをして、さらに10分ほど煮る。少し煮汁が残るくらいで火を止め、木の芽を散らす。
4. 器にごはんを盛り、3をのせる。

牛こま玉

フライパンに材料を一度に入れて
火にかけるだけ！で作れる"牛どんのもと"。
玉ねぎの上に牛肉をのせるので順番に火が入り、
玉ねぎはしっかり煮えて甘く、
牛肉はやわらかいまま仕上がる。

笠原家の豚こまカレー

わが家のカレーは、肉は豚こまぎれが定番。
ルウは使わずカレー粉で具をいため、
みそでコクと風味をプラス。
だしのうまみがきいているから、
うどんにかけてもおいしい。

材料（3〜4人分）
豚こまぎれ肉…400g
玉ねぎ…1個
じゃがいも…2個
にんじん…1本
にんにく…1かけ
しょうが…10g
カレー粉、水どきかたくり粉…各大さじ3
塩、こしょう…各少々
A│だし…7½カップ
　│しょうゆ…大さじ3
　│みりん…大さじ2
　│みそ、砂糖…各大さじ1
サラダ油…大さじ2

作り方

1 玉ねぎはくし形切りにし、じゃがいもは皮つきのまま乱切りに、にんじんも乱切りにする。にんにく、しょうがはすりおろす。

2 フライパンにサラダ油を熱して豚肉をいため、塩、こしょうを振る。色が変わったら1を加えていため合わせ、カレー粉を振り入れ、香りが立つまでさらにいためる。

3 Aを加え、15分ほど煮る。すべての食材にしっかり火が通ったら、水どきかたくり粉でとろみをつける。

> 煮汁を入れたフライパンに、
> 材料をいっぺんに加えて煮るだけ。
> 牛肉の濃厚なうまみを、
> ほかの具にしっかり吸わせる。
> 色と味と食感のアクセントに、
> 貝割れ菜を添えた。

材料（3～4人分）
牛こまぎれ肉…300g
焼きどうふ…2丁（300g×2）
しらたき…1袋（200g）
玉ねぎ…1個
こぶ（だし用）…5g
A 水…1½カップ
　　 酒…¾カップ
　　 しょうゆ…80㎖
　　 砂糖…大さじ4
貝割れ菜…½パック

作り方

1. しらたきは熱湯で1分ほどゆで、ざるに上げて湯をきり、食べやすく切る。焼きどうふはキッチンペーパーで包んで軽く水きりし、半分に切る。玉ねぎは薄切りにする。牛肉は食べやすく切り、沸騰した湯にさっとくぐらせ、ざるに上げる。

2. フライパンに**A**、こぶを入れてひと煮し、**1**をそれぞれ重ならないように並べ入れる。アルミホイルで落としぶたをして、15分煮る。

3. しらたきが色づいたら火を止め、いったん冷ます。食べる前にあたため、器に盛り、貝割れ菜を添える。

肉どうふ

甘い卵焼き

子どもの運動会の
おべんとうには必ず作るし、
巻きずしや、どんぶりの具にも
使える卵焼き。冷めてもおいしいのは、
断然、甘いほうだと思う。
大きく作って、たくさん食べよう！

材料（3〜4人分）
卵 … 8個
だし … 120ml
砂糖 … 大さじ4
しょうゆ … 大さじ1
サラダ油 … 適量

作り方

1　ボウルにだし、砂糖、しょうゆを入れてまぜ合わせる。卵を割り入れ、菜箸でさらによくまぜ合わせる。

2　20×18cmの卵焼き器を熱し、サラダ油をよくなじませ、卵液適量を流し入れ、卵焼き器を動かして全体に広げる。ほぼ固まったら、向こう側から手前に巻く。

3　巻いた卵の向こう側に油を薄く塗り、卵焼きを向こう側に動かし、手前にも油を薄く塗る。卵液適量を流し入れ、同じように焼く。これをくり返し、全体にほんのり焼き色をつける。

4　器に盛り、好みで大根おろしを添える。

卵液を広げたあと、気泡ができたら箸でつぶす。卵焼きを持ち上げて、下にも卵液を行き渡らせる。

定番のごぼうとにんじんに、
れんこんが加わると、
一気に楽しい食感になる。
始めから終わりまで強火でいため、
シャキシャキに仕上げよう。

根菜のきんぴら

材料(2人分)
ごぼう…100g
にんじん…50g
れんこん…50g
A｜酒…大さじ3
　｜しょうゆ…大さじ2
　｜砂糖…大さじ1
ごま油…大さじ1
いり白ごま…適量
一味とうがらし…適量

作り方

1. ごぼうは皮をこそげ、ささがきにする。にんじんはマッチ棒状に切る。れんこんは薄い半月切りにする。

2. フライパンにごま油を熱し、**1**を強火でいためる。油がなじんでしんなりしたら、**A**を加えてからめる。器に盛り、ごま、一味とうがらしを振る。

半日ほどかけてじっくりもどすと、
乾物くささがなくなる。
多めの油でしっかりいため、
だしと調味料を加えたら、
あとは強火でガーッと汁けをとばす。

ひじきの煮物

材料（2人分）
ひじき（乾燥）…30g
にんじん…½本
油揚げ…1枚
A｜ だし…1½カップ
　｜ しょうゆ…大さじ3
　｜ 砂糖…大さじ1½
サラダ油…大さじ2

作り方

1 ひじきはたっぷりのぬるま湯につけ、30分ほどおく。水をかえ、さらに半日おいてもどす。ざるに上げ、水けをきる。

2 にんじん、油揚げはせん切りにする。

3 フライパンにサラダ油を熱し、**1**をいためる。**2**を加え、中火でさらに2分ほどしっかりいため、**A**を加え、汁けがなくなるまで強火で煮る。

まず、ひじきだけを、油が回るくらいまでいためる。

にんじんと油揚げを加えたら、全体に油が回るまでさらに2分ほどいためる。

昔ながらの マカロニサラダ

子どものころ、近所にあった精肉店で売っていたなぁ、なんて思い出しながら作った、懐かしい味のサラダ。マカロニにバターをからませてコクを出す。

材料（3〜4人分）
マカロニ … 100g
ハム … 5枚
きゅうり … 1本
玉ねぎ … 1/2個
バター … 10g
塩 … 適量
A │ マヨネーズ … 大さじ4
　│ しょうゆ、ねりがらし … 各小さじ1/2
あらびき黒こしょう … 少々

作り方

1. マカロニは塩を加えたたっぷりの湯で袋の表示どおりにゆで、湯をきり、バターを全体にからませる。

2. きゅうりは小口切りにして塩もみし、水けをしっかりしぼる。玉ねぎは薄切りにして塩もみし、水でさっと洗い、水けをしぼる。ハムは半分に切ってから、細切りにする。

3. 1、2をボウルに入れ、Aを加えてまぜる。器に盛り、黒こしょうを振る。

ポテトサラダ

> これまでいろんなポテトサラダを作ったり、食べたりしたけど、これが僕のオーソドックスな味。じゃがいもとにんじんはひとつのなべでいっしょにゆでるから簡単。

材料（3〜4人分）
じゃがいも（できれば男爵）…4個
にんじん…½本
玉ねぎ…½個
ゆで卵…1個
塩…適量
こしょう…少々
A｜塩、砂糖…各ひとつまみ
　｜酢…大さじ1
B｜マヨネーズ…大さじ4
　｜ねりがらし…小さじ½
パセリ…少々

作り方

1. じゃがいもは一口大に、にんじんは半分に切り、同じなべに入れ、たっぷりの水で塩ゆでする。にんじんは、やわらかくなったらとり出し、薄切りにする。

2. じゃがいもがやわらかくなったら湯を捨て、なべを揺すって水けをとばし、粉ふきいもにする。熱いうちに、**A**を加えてまぜる。

3. 玉ねぎは薄切りにして塩もみし、水でさっと洗い、水けをしぼる。ゆで卵はあらみじんに切る。

4. ボウルに**2**を入れて木べらでざっくりとつぶす。にんじん、**3**、**B**を加えてまぜ、塩、こしょうで味をととのえる。器に盛り、パセリのみじん切りを散らす。

笠原流 おいしいごはんの炊き方

僕はいつも、土なべで米を炊く。つやつやとした輝き、甘い香り、
もっちりとした弾力は、炊飯器とはくらべものにならない。
お焦げができるのも楽しいし、時間だって炊飯器よりかからない。
なれればむずかしいことはないので、ぜひ、おすすめしたい。

1 米を洗う。

最近は精米技術がよくなったので、ぬかはそれほどついていない。だからむしろ、洗いすぎに注意。力をギュウギュウ入れすぎると米が割れてしまうこともあるので、両手のひらで、こするように手早く洗う。とぐというより、やさしく洗うくらいでいい。

2 水につけて30分おく。

3 ざるに上げて水けをきる。

4 土なべに入れて米と同量の水を加え、強火にかける。

5 沸騰したら中火にして5分、弱火にして15分炊き、火を止める。お焦げを作りたいときは、最後に1分強火にしてから火を止める。

6 そのまま5分蒸らして、炊き上がり！

米の選び方、使い方

銘柄に関しては好みの問題なので、ここでは語らないが、買うときはまず、精米日を確認すること。精米してすぐの米ほど、甘みとつやがあり、ふっくら炊ける。一度に購入する量は、できれば少ないほうがいい。とはいえ、そうはいかない場合もある。では、古くなった米はどうしたらおいしく食べられるか……。実は、炊き込みごはんは古米で作ったほうがおいしい。米自体の水分が少なくなっているから、うまみを含んだ煮汁をたっぷり吸い込んでくれる。古米はどんぶり物にして、汁たっぷりの"つゆだく"で食べる、という手もある。

2章

毎日食べたい和のおかず

肉、魚介、卵、とうふ、野菜

主菜になる肉や魚介のおかず、やさしい味わいの卵ととうふのおかず、シンプルでヘルシーな野菜のおかず。どれも基本は、白いごはんがすすむ味、つまり、酒にも合う。省ける手間は省き、必要なひと手間は惜しまずかける。あたりまえだけど、これが、手早くおいしく作るためのコツ。

「肉」のおかず

多めに作ってガツンと食べる、これが肉料理の醍醐味。食べきれなくても大丈夫。煮物や南蛮漬けなんかは翌日のほうがおいしくなるし、冷凍しておけば、時間がないときやおべんとうにも重宝する。

和風ハンバーグ

しいたけをみじん切りにして
ひき肉にまぜ、うまみを強化。
パン粉は使わず、かたくり粉を加えて
しっとり仕上げる。つけ合わせには、
のりの風味が豊かなさっぱり味のサラダを。

鶏肉の和風ハンバーグ

材料(2人分)
- 鶏ひき肉…300g
- ねぎ…1/3本
- みょうが…1個
- 青じそ…5枚
- ブロッコリー…1/3個
- A
  - 卵…1個
  - かたくり粉…大さじ1
  - しょうゆ、砂糖…各大さじ1
- B
  - だし…1カップ
  - 薄口しょうゆ、みりん…各大さじ1
  - しょうがのすりおろし…小さじ1
  - 塩…少々
  - 酒…大さじ2
  - 水どきかたくり粉…大さじ3
- サラダ油…大さじ1

作り方

1. ねぎ、みょうが、青じそはみじん切りにする。ブロッコリーは小房に分けて塩ゆでする。
2. ボウルにひき肉、ねぎ、みょうが、青じそ、**A**を入れ、粘りが出るまでまぜる。4等分し、円盤形にまとめる。
3. フライパンにサラダ油を熱し、**2**を並べて中火で両面を4〜5分ずつ焼く。酒を振り、ふたをして弱火で3分ほど蒸し焼きにする。
4. なべに**B**を入れて火にかけ、煮立ったら水どきかたくり粉でとろみをつける。
5. **3**を器に盛り、ブロッコリーを添え、**4**をかける。

> 香味野菜をたっぷり加えた、ふわっとやわらかくやさしい味のハンバーグ。しょうが風味のあんをかけて。

材料(3〜4人分)
- 合いびき肉…600g
- 卵…2個
- 玉ねぎ…2個
- しいたけ…2個
- 酒…大さじ1
- 塩…少々
- A
  - かたくり粉、酒…各大さじ1
  - 塩、こしょう…各適量
- サラダ油…適量
- あらびき黒こしょう…少々
- 〈ソース〉
  - 大根おろし…大さじ4
  - みりん…大さじ2
  - 酒、しょうゆ…各大さじ1
- 〈つけ合わせ〉
  - 水菜…1/2束
  - 焼きのり…全形1枚
- B
  - ごま油…大さじ1
  - いり白ごま、塩…各適量

作り方

1. 玉ねぎ、しいたけはみじん切りにする。フライパンにサラダ油を熱し、玉ねぎ、しいたけをいためる。塩を振ってしっかりいため、バットにとり出し、あら熱をとる。
2. ボウルにひき肉、**1**、**A**、卵を入れ、よくねりまぜる。12等分し、サラダ油をつけた手で円盤形にまとめる。
3. フライパンにサラダ油大さじ1を熱し、**2**を並べ入れる。焼き目がついたら返し、もう片面も焼く。酒を振ってふたをし、弱火で5分ほど蒸し焼きにする。
4. ハンバーグをとり出し、フライパンの余分な油を軽くキッチンペーパーでふきとる。ソースの材料を入れ、ひと煮立ちさせる。
5. つけ合わせの水菜は5cm長さに切り、のりは食べやすい大きさにちぎり、**B**であえる。
6. ハンバーグを器に盛り、**5**を添え、ソースをかけ、黒こしょうを振る。

ハンバーグのたねは、粘りが出て白っぽくなるまでよくねりまぜよう。冷凍保存する場合は、円盤形にまとめたあとラップで包んで。
＊冷凍で約7日間保存できる。

肉のおかず

> 義理の母が作ってくれる、
> 僕が大好きなとんカツ。
> 下味がしっかりついているから、
> ソースがなくてもおいしい。
> 卵液を二度つけることで、
> サクッとしたいい食感になる。

材料（4〜6人分）
豚ロース肉（とんカツ用）…6枚
A ┃ しょうゆ…大さじ5
　　┃ はちみつ…大さじ3
　　┃ 酒…大さじ2
　　┃ にんにくのすりおろし…小さじ½
B ┃ 卵…2個
　　┃ 牛乳…大さじ3
小麦粉、パン粉…各適量
揚げ油…適量
キャベツのせん切り…適量
ねりがらし…少々
レモン…1個

作り方

1. 豚肉は筋を包丁で切り、フォークで全体を数カ所刺して穴をあける。**A**をまぜてもみ込み、10分おく。**B**はバットに入れてまぜる。

2. 豚肉に小麦粉をまぶし、**B**をくぐらせる。これをもう一度くり返し、パン粉をまぶす。

3. 揚げ油を170度に熱し、**2**を入れて5〜6分揚げる。油をきって少しおき、1.5cm厚さに切って器に盛る。キャベツ、からし、レモンのくし形切りを添える。

肉をフォークで刺してあるので、味がしみ込みやすい。ポリ袋や保存袋に入れて、袋の上からもみ込んでも。

しょうゆ味とんカツ

牛カルビの焼き肉サラダ

野菜にマヨネーズベースの
ドレッシングをからめ、
こってり甘辛い味の焼き肉をのせる。
作り方はいたって簡単なのに、
まちがいなくおいしい。

材料（2人分）
牛カルビ肉（焼き肉用）…200g
レタス…¼個
きゅうり…1本
トマト…1個
貝割れ菜…½パック
万能ねぎ…5本
A ┃ しょうゆ…大さじ2
　 ┃ 砂糖、酒…各大さじ1
　 ┃ ごま油…大さじ½
B ┃ ごま油…大さじ1
　 ┃ マヨネーズ…大さじ1
　 ┃ 酢…大さじ1
サラダ油…大さじ1
いり白ごま…適量
糸とうがらし…適量

作り方

1 レタスは食べやすい大きさにちぎる。きゅうりはたたいて4cm長さに切る。トマトは食べやすく切り、貝割れ菜は根元を切り落とす。万能ねぎは4cm長さに切る。

2 **A**をまぜ合わせ、牛肉にもみ込む。フライパンにサラダ油を熱し、肉を強火で焼く。

3 **B**をまぜ合わせてドレッシングを作り、**1**をあえる。

4 器に**3**を盛り、**2**をのせる。ごまを振り、糸とうがらしをのせる。

チキン南蛮

タルタルソースに梅干しを加えて、
クリーミーなのにあと味さっぱり。

材料（2人分）
鶏もも肉 … 250g
A │ しょうゆ、みりん … 各大さじ1
　│ 卵 … 1個
　│ あらびき黒こしょう … 少々
B │ かたくり粉 … 大さじ2
　│ 小麦粉 … 大さじ1
ねぎ … 1/3本
C │ 酢 … 大さじ3
　│ しょうゆ … 大さじ2
　│ 砂糖、ごま油 … 各大さじ1
　│ 一味とうがらし … 小さじ1/2
揚げ油 … 適量
レタス … 1/4個
青じそ … 5枚
〈梅タルタルソース〉
梅干し … 2個
らっきょうの甘酢漬けのみじん切り
　　… 大さじ2
マヨネーズ … 大さじ2
しょうゆ、砂糖 … 各小さじ1

作り方
1. 鶏肉は一口大に切り、**A**をもみ込んで5分ほどおく。**B**をまぜてまぶし、170度の揚げ油で3〜4分揚げる。
2. ねぎはみじん切りにし、**C**と合わせる。
3. レタス、青じそはせん切りにし、水に放してシャキッとさせる。
4. タルタルソースの梅干しは種を除いて包丁でたたき、ほかの材料とまぜ合わせる。
5. **1**を器に盛り、**3**を水けをきって添え、**2**、**4**を順にかける。

鶏大根

大根は乱切りより、いちょう切りのほうが早く煮える。
時間がたつと味がしみておいしくなるから、
作った日より次の日が楽しみな料理かもしれない。

材料（3〜4人分）
鶏もも肉 … 2枚（250g×2）
大根 … 1/2本
こぶ（だし用） … 5g
A │ 水 … 3カップ
　│ 酒、しょうゆ、みりん … 各1/4カップ
　│ 砂糖 … 大さじ2
ごま油 … 大さじ1
貝割れ菜 … 1/3パック
一味とうがらし … 少々

作り方
1. 鶏肉は大きめの一口大に切り、大根は1cm厚さのいちょう切りにする。
2. なべにごま油を熱し、鶏肉を皮目から入れ、色が変わるまでいためる。大根を加え、油が全体に回るまでさらにいためる。
3. **A**、こぶを加え、煮立ったらアクをとる。アルミホイルで落としぶたをして、20分ほど煮る。器に盛り、貝割れ菜を添え、一味とうがらしを振る。

大根を加えたあと、さらにしっかりいため合わせて、肉のうまみを大根にからめる。

鶏のすき煮

だしは不要、鶏肉と野菜をいっしょに煮るだけ！
ボリュームがあって栄養バランスもよし。
手早くできるので、忙しい日にも作ってほしい。

材料（3～4人分）
鶏もも肉…2枚（250g×2）
ねぎ…1本
春菊…½束
白菜…⅙個
しいたけ…4個
こぶ（だし用）…5g
A　みりん…1カップ
　　水、酒、しょうゆ…各½カップ

作り方

1. フライパンを熱し、鶏肉の皮目をこんがりと色づくまで焼く。とり出して、あら熱がとれたら一口大のそぎ切りにする。

2. ねぎは斜め薄切りにし、春菊は葉をつみ、白菜はざく切りにする。しいたけは石づきを切り落とし、4つに切る。

3. なべにA、こぶを入れ、煮立ったら1、2を並べ入れて10分ほど煮る。

鶏肉を焼くときは油は不要、焼くのは皮目だけ。こんがりと色づくまでしっかり焼いて、余分な脂を落とし、うまみを閉じ込める。

鶏ハム

しっとりジューシーに仕上げるには、
低温でゆっくり火を入れること。
ロール状にしてたこ糸でしばるのも、そのために必要な作業。

材料（作りやすい分量）
鶏もも肉…2枚（250g×2）
塩…適量
にんにく…1かけ
こぶ（だし用）…3g
A　水…2½カップ
　　酒…½カップ
　　薄口しょうゆ…大さじ1

作り方

1. 鶏肉は両面に塩を振り、10分ほどおく。キッチンペーパーで水けをふき、1枚ずつ皮目が外側になるようくるくると巻いて、たこ糸でしばる。

2. なべにA、にんにく、こぶを入れ、1の鶏肉を加えて中火にかける。煮立ったらアクをとり、弱火にして20分煮る。火を止めて冷まし、煮汁につけたまま保存する。

3. たこ糸をはずし、食べやすく切って器に盛る。大人はわさびとすだちで、子どもはマヨネーズやソースで食べるのがおすすめ。

＊冷蔵で3～4日間保存できる。
　煮汁はスープに利用。

豚だんごのカレーあんかけ

イメージしたのは、そば屋のカレー。
薄切り肉を丸めて使えば、長いままよりボリュームが出て、
ひき肉より手軽、かたまり肉より早く煮える。

材料（2人分）
豚バラ薄切り肉…200g
なす…2個
玉ねぎ…½個
ピーマン…2個
A │ 酒、しょうゆ、
　 │ 　みりん…各大さじ1
かたくり粉…適量
B │ だし…2½カップ
　 │ しょうゆ…大さじ2½
　 │ みりん…大さじ2
　 │ カレー粉…大さじ1
　 │ 砂糖…小さじ1
水どきかたくり粉…適量
サラダ油…大さじ1

作り方

1. なすはへたを切り落とし、縦半分に切ってから、斜め薄切りにする。玉ねぎは薄切りにする。ピーマンは種とへたをとり、乱切りにする。

2. 豚肉は**A**をもみ込み、くるくると巻いて、かたくり粉をまぶす。

3. フライパンにサラダ油を熱し、**2**を中火で焼く。焼き目がついたら転がしながら火を通し、とり出す。

4. **3**のフライパンで**1**をいため、しんなりしたら肉を戻し入れ、**B**を加えて5〜6分煮る。水どきかたくり粉を加え、とろみをつける。

巻いた肉の表面に、かたくり粉をまぶしてギューッとにぎる。かたくり粉が肉をまとめ、たれをしっかりからませる。

肉のおかず

豚ごぼう

豚肉が主役のボリュームきんぴら。
香りがよく食べごたえもあり、白いごはんにも、酒にも合う。

材料（2人分）
豚バラ薄切り肉…200g
ごぼう…150g
A │ 水、酒…各¼カップ
　 │ 砂糖、しょうゆ…各大さじ2
ごま油…大さじ1
粉ざんしょう…少々

作り方

1. 豚肉は食べやすい大きさに切る。ごぼうはささがきにする。

2. フライパンにごま油を熱し、ごぼうをいためる。少ししんなりとしたら、肉を加えていため合わせる。

3. **A**を加え、汁けがなくなるまでいためながらからめる。器に盛り、粉ざんしょうを振る。

豚しゃぶキャベツの からし酢みそ

豚肉とキャベツを同じ湯で順にゆでて、あえれば完成。
ごはんにのせて、いり白ごまをひと振りするのもおすすめ。

材料(2人分)
豚バラ薄切り肉…150g
キャベツ…1/4個
にら…5本
万能ねぎ…適量
塩…少々
A │ 白みそ…50g
　│ 砂糖、サラダ油…各大さじ1
　│ 酢…大さじ3
　│ 卵黄…1個分
　│ ねりがらし…小さじ1

作り方
1. キャベツは一口大に、にらは5cm長さに切る。万能ねぎは小口切りにする。
2. なべにたっぷりの湯を沸かして塩を加え、キャベツ、にらをさっとゆで、ざるに上げる。
3. なべの火を止め、豚肉を入れる。色が変わったらざるに上げる。
4. 2の水けをしぼってボウルに入れ、3と、まぜ合わせたAを加え、あえる。器に盛り、万能ねぎを散らす。

豚肉はゆですぎてパサパサにならないように、火を止めた湯でゆでる。水にとると脂が固まってしまうので、ざるに上げて冷ます。

牛肉ときのこの 大葉バターいため

しょうゆとみりんの甘辛味に、バターでコク、青じそで香りを足した
魅惑の調味。黒こしょうを多めに振って辛みをきかせると、さらにうまい。

材料(2人分)
牛切り落とし肉…200g
しめじ…1パック
しいたけ…2個
えのきだけ…1袋
青じそ…20枚
塩…少々
A │ 酒、しょうゆ、
　│ みりん…各大さじ1
バター…20g
サラダ油…大さじ1
あらびき黒こしょう…少々

作り方
1. しめじは石づきを切り落としてほぐし、しいたけは軸を切り落として薄切りにする。えのきだけは根元を切り落とす。青じそは細切りにする。
2. フライパンにサラダ油を熱し、きのこ、牛肉を中火でいため、塩を振る。
3. 肉に八割ぐらい火が通ったら、Aを加えていため、青じそを加え、バターも加えてさっといためる。器に盛り、黒こしょうを振る。

青じそとバターは、どちらも香りを生かしたいから仕上げに加え、火は通しすぎないように。

天ぷら盛り合わせ

材料(2人分)

大正えび(殻つき)…4尾
いかの胴(5×2cm)…4切れ
なす…1個
グリーンアスパラガス…4本
にんじん…1本
A | 卵…1個
　| 水…¾カップ
　| 小麦粉…100g

小麦粉…適量
揚げ油…適量
B | だし…1カップ
　| しょうゆ、みりん…各40mℓ
大根おろし、しょうがのすりおろし…各適量
レモン…¼個
塩…少々

作り方

1. 天つゆを作る。小なべにBを入れて火にかけ、煮立ったら火を止めて、冷ます。

2. えびは背わたをとり、殻を尾と1節残してむく。尾の先と剣先(まん中のとがった部分)を切り落とし、尾をしごいて水を出す。曲がらないように腹側に5カ所くらい切り目を入れ、背側にそり返して筋を切る。

3. いかは格子状に切り目を入れる。なすは縦半分に切ってから長さを半分に切り、皮目に斜めの切り目を入れる。アスパラガスは根元のかたい部分の皮をむき、長さを半分に切る。にんじんはせん切りにする。

4. 衣を作る。ボウルにAを入れ、粉っぽさが少し残るくらいまでさっくりとまぜ、よく冷やす。

5. なす、アスパラガスに小麦粉をまぶし、4の衣をつけ、165〜170度の揚げ油で3分ほど揚げる。いか、えびに小麦粉をまぶし、4の衣をつけ、170度の揚げ油で3分ほど揚げる。

6. にんじんに小麦粉をまんべんなくまぶし、4の衣を、全体がまとまるくらいの適量を加えてまぜる。¼量ずつしゃもじにのせ、すべらせるように揚げ油に入れる。表面が固まり始めたら返し、5〜6分揚げる。

7. 油をよくきって器に盛り、大根おろし、しょうが、レモン、塩、1の天つゆを添える。

えびは厚みの半分くらいまで、斜めに切り目を入れてのばす。

衣はまぜすぎるとグルテンが出てカリッと軽く揚がらないので、粉っぽい部分が残るくらいでOK。

かき揚げにはしゃもじを使うといい。¼量をのせ、菜箸で押してするりと油に入れる。

からりと揚げるには、
衣をまぜすぎず、よく冷やすこと。
油に入れたら最初はあまりさわらず、
衣が固まってから返す。

「魚介」のおかず

魚料理って、実はラクチン。さばくのはスーパーでしてくれるし、火が通るのが早いから、調理時間も短め。野菜と合わせれば、ボリュームも出る。くさみやアクをとるために、霜降りのひと手間は、ぜひ、かけてほしい。

煮すぎるとパサつくので、火にかけるのは5分だけ。あとは余熱で火を通して、しっとりと仕上げる。ごはんにのせて、しょうゆをほんの少しかけて食べるのもいい。

魚介のおかず

サーモンの冷製しょうがソース

材料（2人分）
生鮭 … 2切れ
玉ねぎ … ½個
にんじん … ⅓本
こぶ（だし用）… 3g
A｜水 … 3カップ
　｜酢、酒 … 各¼カップ
　｜塩 … 小さじ1
B｜しょうがのすりおろし … 大さじ2
　｜酢、サラダ油 … 各大さじ2
　｜しょうゆ、砂糖 … 各小さじ1

作り方

1 玉ねぎは薄切りに、にんじんは薄めの半月切りにする。

2 なべにA、玉ねぎ、にんじん、こぶを入れて火にかけ、煮立ったら弱火にして10分煮る。

3 鮭をのせ、弱火で5分ほど煮て火を止め、そのまま冷ます。器に盛り、Bをまぜ合わせてかけ、好みで万能ねぎの小口切りを散らす。

あじの竜田揚げトマトあんかけ

カリッと揚げた魚に、とろりとしたあんをかける。
食べているうちに衣が少しやわらかくなって、
食感の変化も楽しめる料理。トマトの酸味がほどよい。

材料(2人分)
- あじ(三枚おろしにしたもの)…2尾分
- トマト…1個
- 青じそ…5枚
- ねぎ…1/3本
- A | しょうゆ、みりん…各大さじ1
    | あらびき黒こしょう…少々
- B | だし…1 1/2カップ
    | 薄口しょうゆ、みりん…各大さじ2
- 水どきかたくり粉…適量
- かたくり粉…適量
- 揚げ油…適量

作り方

1. あじは1切れを3つに切り、Aをからめる。トマトは角切りにする。青じそ、ねぎはあらみじんに切る。

2. なべにB、トマトを入れて火にかけ、煮立ったら青じそ、ねぎを加え、水どきかたくり粉でとろみをつける。

3. あじにかたくり粉をまぶし、170度の揚げ油でカリッと揚げる。器に盛り、2をかける。

銀だらとしらたきの煮つけ

油が多い銀だらは、濃いめの煮汁で煮詰めながら、
味をしっかり含ませるとおいしい。
煮汁がしみ込んだしらたきを、とき卵につけて食べても。

材料(2人分)
- 銀だら…2切れ
- しらたき…150g
- しいたけ…4個
- 三つ葉…3本
- A | 酒…3/4カップ
    | しょうゆ…1/2カップ
    | 砂糖…大さじ5

作り方

1. しいたけは軸を切り落とす。三つ葉はあらく刻む。

2. 銀だらは熱湯でさっとゆでて霜降りにし、水にとって洗う。同じ湯で、しらたきをさっとゆでる。

3. フライパンにAを入れて火にかけ、煮立ったら2、しいたけを加え、アルミホイルで落としぶたをして中火で煮る。煮汁が半量くらいになり、魚に火が通ったら器に盛り、三つ葉をのせる。

たこのねぎ塩マリネ

酢と倍量のごま油、少しのみりんをまぜ合わせれば、
和の食卓にも重宝するマリネ液のでき上がり！
いろんな食材で応用できるから、覚えておくと便利。

材料（3〜4人分）
ゆでだこの足 … 2本（150g）
ミニトマト
　… 6個（できれば赤、黄各3個）
ねぎ … ½本
万能ねぎ … 5本
A｜ごま油（あれば太白ごま油）
　　　… ½カップ
　｜酢 … ¼カップ
　｜みりん … 大さじ2
　｜塩 … 小さじ1
いり白ごま … 大さじ1
あらびき黒こしょう … 少々

作り方
1 ねぎはみじん切り、万能ねぎは小口切りにし、Aとまぜ合わせる。
2 たこは一口大のそぎ切りにし、器に並べる。1をかけ、ごま、黒こしょうを振り、ミニトマトをくし形切りにして散らす。

魚介のおかず

ぶりのごぼう照り焼き

普通の照り焼きもおいしいけど、煮汁におろしごぼうを加える
この照り焼きも、ぜひ作ってみてほしい。
滋味深く、食感もおもしろく、とてもヘルシーだから。

材料（2人分）
ぶり … 2切れ
ごぼう … 100g
三つ葉 … 3本
大根おろし … 大さじ4
A｜しょうゆ、みりん、酒、水
　　　… 各大さじ2
　｜砂糖 … 大さじ1
小麦粉 … 適量
サラダ油 … 大さじ1
粉ざんしょう … 少々

作り方
1 三つ葉はこまかく刻み、大根おろしとまぜる。
2 ごぼうは皮をこそげてすりおろし、Aとまぜ合わせる。
3 ぶりは小麦粉をまぶす。フライパンにサラダ油を熱し、ぶりを入れ、両面をこんがりと焼く。八割ぐらい火が通ったら、余分な油をキッチンペーパーでふきとり、2を加え、中火で煮からめる。器に盛り、粉ざんしょうを振り、1を添える。

ごぼうをすりおろして煮汁に加え、香りと食感をプラス。

048

鮭と厚揚げのピリ辛煮

鮭はどんな食材とも相性がいい。
豆板醤を加えたピリ辛味は、お父さんの晩酌にも、
育ち盛りの子たちのおかずにも喜ばれるはず！

材料（3〜4人分）
- 生鮭 … 4切れ
- 厚揚げ … 1枚（200g）
- ねぎ … 1本
- さやいんげん … 6本
- こぶ（だし用）… 5g
- A │ 水 … 3カップ
  │ しょうゆ、みりん … 各大さじ3
  │ 砂糖 … 大さじ1
  │ 豆板醤 … 小さじ1

作り方

1. ねぎは1cm厚さの斜め切りにし、いんげんは長さを半分に切る。厚揚げは一口大に切る。鮭は1切れを3つに切り、熱湯にさっとくぐらせて霜降りにし、ざるに上げて湯をきる。

2. フライパンにねぎ、厚揚げ、鮭、A、こぶを入れて火にかける。煮立ったらアルミホイルで落としぶたをし、10分煮る。アルミホイルをとっていんげんを加え、さらに5分ほど煮る。

だしを用意しなくても、煮るときにこぶを加えるだけで全体にうまみが回る。いんげんは時間差で加えて煮よう。

たいかぶら

魚のあらでとっただしを含ませ、シンプルながら深い味わい。
3食材ともいちばんおいしい状態で食べられるように、
時間差で煮汁に加えていく。

材料（2人分）
- たい … 2切れ
- かぶ … 4個
- 水菜 … 1/3束
- A │ 魚介だし（p.10参照）… 3カップ
  │ 薄口しょうゆ、みりん … 各大さじ1
- ゆずの皮のせん切り … 少々

作り方

1. かぶは4つに切る。なべにかぶ、Aを入れ、弱火で10分煮る。

2. たいは熱湯に入れて霜降りにし、表面の色が変わったら水にとり、よごれを落とす。1に加え、5分ほど煮る。

3. 水菜は5cm長さに切り、2に加えてさっと煮る。器に盛り、ゆずの皮を添える。

かじきのしょうが焼き

かじきは身がくずれにくいから、
豚肉のようにしょうが焼きにしてみたら、これがうまい！
淡泊なので、小麦粉をしっかりまぶして味をよくからめる。

材料（3〜4人分）
- かじき … 3〜4切れ
- 玉ねぎ … 1個
- 小麦粉 … 大さじ3
- A
  - 酒、みりん、しょうゆ … 各大さじ3
  - はちみつ … 大さじ2
  - しょうがのすりおろし … 小さじ1
- あらびき黒こしょう … 少々
- サラダ油 … 大さじ3
- キャベツ … 1/4個
- ミニトマト … 4個

作り方

1. キャベツはせん切りに、玉ねぎは薄切りにする。かじきは一口大に切り、小麦粉を全体にしっかりまぶす。Aはまぜる。
2. フライパンにサラダ油大さじ1½を熱し、かじきの両面をカリッとするまで焼き、いったんとり出す。
3. フライパンに残った油をキッチンペーパーでふきとり、サラダ油大さじ1½を熱し、玉ねぎをしんなりとするまでいためる。
4. かじきを戻していため合わせ、Aを加えてからめる。器に盛り、キャベツとミニトマトを添え、黒こしょうを振る。

「魚介」のおかず

ぶり大根みそ仕立て

おなじみの組み合わせながら、
みそ味ベースにするとコクも食べごたえも増して、
いっそうごはんがすすむ味に。

材料（2人分）
- ぶり … 2切れ
- 大根 … 200g
- A
  - 水 … 1カップ
  - 酒 … 1/4カップ
  - みそ … 40g
  - 砂糖 … 大さじ1½
  - しょうゆ … 大さじ½
- 貝割れ菜 … 1/3パック

作り方

1. 大根は2cm厚さのいちょう切りにする。
2. ぶりは一口大に切る。
3. なべに大根を入れてひたひたの水を加え、火にかけてやわらかくなるまでゆでる。大根をとり出し、同じ湯でぶりをさっとゆで、色が変わったらとり出す。
4. 別のなべにAを入れて火にかけ、みそをとかし、煮立ったら、ぶり、大根を入れ、煮汁が少なくなってとろみがつくまで煮る。器に盛り、貝割れ菜を添える。

さわらのわかめみそ蒸し

みそ味だけど、こってりではなくあっさり味。
わかめやキャベツの上に魚をのせて煮るから、
蒸したようにふっくらと仕上がる。

材料(2人分)
さわら …2切れ
わかめ(塩蔵) …50g
ねぎ …½本
キャベツ …⅙個
塩 …少々
A ┃ 水 …2カップ
　┃ 酒 …¼カップ
　┃ みそ …大さじ2
　┃ 砂糖 …大さじ½
レモン …¼個

作り方

1 わかめは塩を洗い流し、食べやすく切る。キャベツは一口大に切り、ねぎは斜め薄切りにする。

2 さわらは塩を振り、15分ほどおく。キッチンペーパーなどで、出てきた水けをふきとる。

3 フライパンに1を敷き詰め、2をのせる。Aをまぜ合わせてかけ、ふたをして弱火で10分煮る。

4 さわらに火が通ったら器に盛り、レモンを半分に切って添える。

わかめと野菜に魚をのせ、煮汁を加え、ふたをして煮る。野菜が、魚のうまみを残さず吸ってくれる。

刺し身のサラダ仕立て

刺し身といえば、わさびじょうゆがつきもの。ならば……
と思いついて生まれたドレッシングが決め手。
食感の違う野菜を合わせて、リズムを楽しんでほしい。

材料(2人分)
刺し身(好みのもの) …適量
長いも …100g
トマト …½個
わかめ(塩蔵) …30g
万能ねぎ …3本
A ┃ 薄口しょうゆ、酢、みりん
　┃ 　…各大さじ2
　┃ オリーブ油 …大さじ4
　┃ いり白ごま …大さじ1
　┃ わさび …小さじ½

作り方

1 長いもは太めのマッチ棒くらいに切る。トマトは4〜6つのくし形切りにし、わかめはもどして食べやすい大きさに切る。万能ねぎは3cm長さに切る。

2 器に刺し身と1を彩りよく盛り、Aをまぜ合わせてかける。

この味を簡単に説明すると、
いりどうふのオムレツ。
ケチャップ＋しょうゆをかけて懐かしい味。
ヘルシーなのに見た目以上に食べごたえがある。

とうふオムレツ

材料（2人分）
木綿どうふ
　…1丁（300g）
卵…3個
玉ねぎ…½個
しいたけ…2個
三つ葉…⅓束
砂糖、しょうゆ
　…各大さじ1
サラダ油…大さじ2
A｜トマトケチャップ
　　…大さじ2
　｜しょうゆ…大さじ1
大根おろし…大さじ4

作り方

1 玉ねぎ、しいたけは薄切りにし、三つ葉は1cm長さに切る。

2 フライパンにサラダ油大さじ1を中火で熱し、玉ねぎ、しいたけをいためる。しんなりとしたら、とうふを手でくずしながら加え、強火で水分をとばすようにいためる。砂糖、しょうゆを加え、いためながらからめる。

3 ボウルに卵を割りほぐし、2、三つ葉を加えてよくまぜる。

4 フライパンをきれいにしてサラダ油大さじ1を熱し、3を流し入れる。弱めの中火で火を通し、半熟状になったら、向こう側から手前に巻いてオムレツ形にととのえる。

5 食べやすく切って器に盛り、Aをまぜ合わせてかけ、大根おろしをのせる。

野菜ととうふをいためて味つけし、卵に加えて焼く。

「卵、とうふ」のおかず

いつでもだいたい冷蔵庫に入っていて、栄養面でも優秀な、卵ととうふ。どちらもメニューが豊富で、扱いもラク。いろんなおいしさを楽しむことができる。味も食感もやさしくて、食べるとなんだかホッとする。

とうふのおかか焼き

厚めにまぶした削り節が、香ばしくカリッとした食感。
とうふとの相性は、言うまでもなく抜群だ。
しょうがじょうゆとすだちで、さっぱり食べてほしい。

材料（3〜4人分）
木綿どうふ…2丁（300g×2）
とき卵…1個分
削り節…20g
小麦粉…適量
サラダ油…大さじ2
すだち…½個
しょうゆ…少々
しょうがのすりおろし…大さじ1

作り方
1 とうふはキッチンペーパーで包み、重しをし、30分おいて水きりする。一口大に切り、小麦粉、とき卵、削り節を順にまぶす。
2 フライパンにサラダ油を熱し、1を入れ、全面をパリッとするまで焼く。
3 器に盛り、すだち、しょうゆとしょうがを添える。

高野どうふのピリ辛煮

シャキシャキのねぎをまとわせ、
豆板醤でピリッと辛みをきかせて、
いつもとは違う新鮮な味わいに。

材料（作りやすい分量）
高野どうふ…5枚
ねぎ…1本
A｜だし…2½カップ
　｜しょうゆ…40ml
　｜砂糖…50g
　｜豆板醤…大さじ1〜2
ごま油…大さじ1

作り方
1 高野どうふはたっぷりの湯でしっかりもどし、水の中でしぼり洗いする。水けをきり、一口大に切る。
2 ねぎはあらみじんに切る。
3 フライパンにごま油を熱し、1、2を中火でいためる。全体に油が回ったらAを加え、煮汁がなくなるまで煮る。

ねぎベーコンの卵焼き

冷蔵庫にいつもある卵とベーコンで、食べたいときにすぐ作れる。
甘い卵焼きに、からしをつけて食べるのが僕は好き。
ベーコンとの相性もいいし、ぜひ試してほしい。

材料（2人分）
卵…3個
ベーコン…4枚
万能ねぎ…½束
A ┃ だし…大さじ3
　┃ しょうゆ…小さじ1
　┃ みりん…大さじ2
サラダ油…大さじ1
大根おろし…適量
ねりがらし…適量
しょうゆ…適量

作り方

1 ベーコンはみじん切りにし、万能ねぎは小口切りにする。

2 ボウルに卵を割りほぐし、1、Aを加えてまぜる。

3 「甘い卵焼き」（p.29参照）と同様に焼く。

4 少しおいてから食べやすく切って器に盛り、大根おろし、ねりがらしを添え、大根おろしにしょうゆをかける。

卵、とうふのおかず

厚揚げそぼろ煮

厚揚げは煮くずれしにくいから、
気をつかわず調理できるのがうれしい。
鶏のひき肉といっしょにいため煮にすればボリュームもじゅうぶん。

材料（3〜4人分）
厚揚げ…2枚（200g×2）
鶏ひき肉…150g
ねぎ…1本
A ┃ だし…1½カップ
　┃ しょうゆ、みりん…各大さじ2
　┃ 砂糖…大さじ½

作り方

1 ねぎは小口切りにする。厚揚げは一口大に切る。

2 フライパンを熱し、ひき肉をいためる。ほぐれてきたら、ねぎを加えていため合わせる。

3 厚揚げ、Aを加えてまぜ合わせ、弱火にして10分ほど煮る。そのまま冷まし、味を含ませる。食べるときに、さっとあたためる。

茶わん蒸し

野菜だしで作るやさしい味の茶わん蒸しは、あえて具なしに。
仕上げにあんをかけると、なめらかさがきわ立つ。

材料(2人分)
卵…1個
A│野菜だし(p.10参照)…180ml
　│薄口しょうゆ、みりん
　│　…各小さじ1
野菜だし(p.10参照)…適量
水どきかたくり粉…適量
ゆずの皮…少々
あらびき黒こしょう…少々

作り方
1　ボウルに卵を割りほぐし、Aを加えてまぜ、こし器でこす。器に等分して注ぎ、蒸気の上がった蒸し器に入れ、強火で1分、弱火で14分蒸す。
2　なべに野菜だしを入れて火にかけ、煮立ったら水どきかたくり粉でとろみをつける。
3　1に2をかけ、ゆずの皮をおろしてのせ、黒こしょうを振る。

コーヤチャンプルー

ゴーヤーではなく、高野どうふで作るから"コーヤ"。
油とうまみがしみ込んで、口の中でおいしさが広がる。

材料(3～4人分)
高野どうふ…4枚
豚こまぎれ肉…200g
もやし…1袋
玉ねぎ…½個
とき卵…2個分
塩…少々
A│酒、しょうゆ…各大さじ2
　│砂糖…小さじ1
あらびき黒こしょう…少々
サラダ油…大さじ2

作り方
1　高野どうふはボウルに入れ、湯に20分くらいつけてもどす。水けをしっかりしぼり、一口大に切る。玉ねぎは薄切りにする。
2　フライパンにサラダ油を熱し、豚肉を入れ、塩を振っていためる。火が通ったら1を加えていため合わせ、もやしを加え、しんなりとするまでいためる。
3　Aを加えてからめ、高野どうふに焼き色がついたら、とき卵を加えてさらにいため、しっかり火を通す。器に盛り、黒こしょうを振る。

納豆みょうがきつね焼き

薬味のきいた納豆を、油揚げに詰めて焼く。
パパッと作ってビールのおともに！
冷めてもおいしいので、おべんとうのおかずにも。

材料(3～4人分)
油揚げ…3枚
納豆…2パック
みょうが…2個
A│しょうゆ…大さじ1
　│みりん…小さじ1
　│いり白ごま…大さじ1
　│ねりがらし…小さじ½
青じそ…6枚

作り方
1　みょうがは小口切りにする。油揚げは半分に切って袋状にする。
2　ボウルに納豆、みょうが、Aを入れてまぜ、6等分して油揚げに詰める。
3　フライパンを熱し、2の両面をこんがりと焼く。食べやすく切って器に盛り、青じそを添える。

> なすとえびは、和食ではおなじみの
> 相性のいい組み合わせ。
> なすは桜えびと煮ることで
> 格段にうまくなる。
> だしを使わないから手軽に作れるし、
> 覚えておいて損はないレシピ。

なすと桜えびの田舎煮

材料（3〜4人分）
なす…5個
桜えび…10g
こぶ（だし用）…5g
A｜水…2カップ
　｜しょうゆ…大さじ2
　｜砂糖…大さじ1
サラダ油…大さじ2
みょうが…2個

作り方

1 なすは縦半分に切り、皮に5mm間隔の切り目を入れ、長さを半分に切る。みょうがは小口切りにする。

2 フライパンにサラダ油を熱し、なすをいためる。油がなじんだら桜えびを加え、さっといため合わせる。

3 A、こぶを加え、アルミホイルで落としぶたをして10分ほど煮る。火を止めてそのまま冷ます。器に盛り、みょうがを添える。

「野菜」のおかず

味わい豊かでカラフルで、野菜のおかずが何品かあると、食卓がすごく充実する。1つの料理にあれもこれも入れるより、シンプルに1〜2食材で作れるものが、簡単だし、食材の持ち味を感じられて僕は好き。

ごぼうの塩きんぴら

きんぴらも、ときには塩味で作ってみてはどうだろう。
ごはんにまぜたり、マヨネーズであえて
サラダにしたり、アレンジもしやすい。

材料（作りやすい分量）
ごぼう … 1本
A｜酒 … 大さじ3
　｜砂糖 … 大さじ1
　｜塩 … 小さじ1/2
サラダ油、ごま油 … 各大さじ1
いり白ごま … 適量
一味とうがらし … 適量

作り方
1 ごぼうは皮をこそげ、ささがきにし、さっと水で洗う。**A**はまぜ合わせる。
2 フライパンにサラダ油、ごま油を熱し、**1**のごぼうを水けをきって入れ、やや強めの中火でいためる。ごぼうがしんなりとしたら**A**を加え、いためながらからめる。器に盛り、ごま、一味とうがらしを振る。

にんじんのサラダ

お父さんのおつまみにも、
肉や魚のつけ合わせにもいいシンプルなサラダ。
時間がたつほどおいしくなるから、
たくさん作っておくと重宝する。

材料（3〜4人分）
にんじん … 2本
A｜マヨネーズ、酢 … 各大さじ2
　｜砂糖 … 小さじ2
　｜塩 … 小さじ1
　｜ねりがらし … 小さじ1/2
いり黒ごま … 適量

作り方
1 にんじんは2〜3mm幅の細切りにする。
2 ボウルに**A**をまぜ合わせ、**1**を加えてあえ、少ししんなりとするまでおく。器に盛り、ごまを振る。

れんこん明太サラダ

切る前のれんこんをゆでるのは、割れずにきれいに切るためのワザ。
青じそと明太子で、色合いも美しい。

材料（3〜4人分）
- れんこん … 2節（360g）
- からし明太子 … 60g
- 青じそ … 5枚
- 酢 … 大さじ1
- 塩 … 少々
- A
  - ごま油（あれば太白ごま油）… 大さじ2
  - みりん … 大さじ1
  - しょうゆ … 小さじ1

作り方
1. れんこんは皮をむいてさっと洗い、塩と酢を加えた湯で5分ほどゆでる。とり出して、1cm厚さの輪切りにする。大きいものは半月切りにする。
2. れんこんを同じ湯でもう一度、5分ほどゆで、ざるに上げる。青じそは手でちぎる。
3. ボウルに明太子をほぐして入れ、Aを加えてまぜ合わせ、2を加えてあえる。

野菜（のおかず）

さつまいもとひじきのサラダ

油でいためて甘辛く煮てから、マヨネーズであえる。
きゅうりを仕上げに散らして、食感と彩りのアクセントに。

材料（3〜4人分）
- さつまいも … 1本
- ひじき（乾燥）… 30g
- 玉ねぎ … 1/2個
- きゅうり … 1/2本
- A
  - 水 … 2カップ
  - しょうゆ … 大さじ2
  - 砂糖 … 大さじ1
- B
  - マヨネーズ … 大さじ4
  - ねりがらし … 小さじ1/2
- サラダ油 … 大さじ1

作り方
1. ひじきはたっぷりの水に30分ほどつけてもどす。水をかえ、底に沈んでいるゴミが入らないように、手ですくってざるに上げる。Aはまぜる。
2. さつまいもは皮つきのまま一口大に切る。玉ねぎは薄切りにする。きゅうりは5mm角のさいころ状に切る。
3. フライパンにサラダ油を熱し、さつまいも、玉ねぎをいためる。油がなじんだら1のひじきを加えてさっといため、Aを加え、アルミホイルで落としぶたをして10分ほど煮る。
4. 煮汁がほとんどなくなったら火を止め、そのまま冷ます。Bであえて器に盛り、きゅうりを散らす。

煮る前に、油でいためてうまみを引き出す。冷まして食べるサラダだから、下味＋マヨネーズでしっかりとした味つけに。

かぶとささ身のサラダ

かぶは葉も使って、彩りよく食べごたえのあるサラダに。
はちみつの甘さがいい仕事してます。

材料（3〜4人分）
かぶ … 3個
鶏ささ身 … 3本（50g×3）
塩 … 適量
あらびき黒こしょう … 少々
A｜ごま油（あれば太白ごま油）、
　　酢 … 各大さじ2
　｜はちみつ … 大さじ1
　｜塩 … 小さじ½

作り方
1　かぶはくし形切りにし、軽く塩を振り、水けをしぼる。茎と葉は小口切りにし、塩もみし、水けをしっかりしぼる。
2　ささ身は筋をとる。沸騰した湯に塩を加え、ささ身を入れる。色が変わったら火を止め、そのまま5分ほどおく。水にとり、水けをきって手でこまかく裂く。
3　ボウルにAをまぜ合わせ、1、2を加えてさっとあえる。器に盛り、黒こしょうを振る。

パプリカの白あえ

白あえの衣に生クリームを加え、コクのある味わいに。
少量なので、コーヒーフレッシュでもOK。
パプリカはじか火でこんがり焼いて、甘みを引き出す。

材料（3〜4人分）
パプリカ（赤）… 2個
木綿どうふ … 1丁（300g）
塩 … 少々
A｜薄口しょうゆ、砂糖、
　　生クリーム … 各小さじ2

作り方
1　木綿どうふはキッチンペーパーで包んで重しをし、30分おいて水きりする。
2　パプリカはへたの部分にフォークを刺して、じか火で真っ黒になるまで焼く。水にとって皮をむき、縦半分に切って種をとり、一口大に切り、塩を振る。
3　ボウルに1を入れて泡立て器でつぶし、Aを加え、なめらかになるまでまぜ合わせる。2を加え、さっとあえる。

緑の野菜のだしびたし

野菜はゆですぎず、しっかり冷ましてから
ひたし汁に入れること。これを守れば、
あざやかな色のまま仕上げることができる。

材料（3〜4人分）
グリーンアスパラガス …6本
さやいんげん …10本
絹さや …20枚
塩 … 少々
A｜だし …2½カップ
　｜薄口しょうゆ、みりん
　｜　…各大さじ2
削り節 …5g

作り方

1 なべにAを入れて火にかける。煮立ったら火を止め、あら熱がとれたらバットに移して冷ます。

2 アスパラガスは根元を切り落とし、根元から⅓くらいまでピーラーで皮をむく。いんげんはへたを切り落とす。絹さやは筋をとる。

3 なべに湯を沸かして塩を加え、2をそれぞれかためにゆでる。ざるに上げ、そのまま冷ます。

4 1に3を加えて落としラップをし、冷蔵庫で2時間以上おく。食べやすく切って器に盛り、削り節をかける。

「野菜」のおかず

もやしとザーサイの煮びたし

もやしを2袋使ってたっぷり作り、
そのまま食べたり、ラーメンに山盛りのっけたり。
ザーサイはうまみがよく出る使いがってのいい食材。

材料（3〜4人分）
もやし …2袋
ザーサイ …100g
A｜だし …2カップ
　｜しょうゆ、みりん …各大さじ2

作り方

1 もやしはさっと洗う。ザーサイは2〜3mm幅に切る。

2 大きめのなべにA、ザーサイを入れて火にかける。煮立ったらもやしを加え、さっと煮て火を止め、そのまま冷ます。

若竹煮

たけのことわかめは、出合いの味。
旬の時期には、ぜひ、
生のたけのこをゆでて作ってほしい。

材料(2人分)
ゆでたけのこ … 1本
わかめ(塩蔵) … 30g
A┃ だし … 2½カップ
　┃ 酒 … 大さじ2
　┃ 薄口しょうゆ、みりん
　┃ 　… 各大さじ1½
木の芽 … 適量

作り方
1 ゆでたけのこは水からゆでてえぐみを抜き、一口大に切る。わかめは塩を洗い流し、食べやすく切る。
2 なべにたけのこ、**A**を入れ、中火で20分ほど煮る。わかめを加えてさっと煮、器に盛り、木の芽を添える。

ししとうとじゃこのいため煮

じゃこのうまみと甘辛味で、
ごはんが何杯でも食べられちゃうおかず。
冷ややっこや、そうめんのトッピングにも。

材料(作りやすい分量)
ししとうがらし … 20本
ちりめんじゃこ … 20g
A┃ だし … 1½カップ
　┃ 薄口しょうゆ … 大さじ1½
　┃ 砂糖 … 大さじ½

作り方
1 ししとうはへたをとる。
2 なべに**1**、じゃこ、**A**を入れて火にかけ、煮汁がなくなるまで煮る。

大根とほたて缶のサラダ

ほたての水煮缶は、汁にもうまみがたっぷりなので
残さず使おう。わさびを少しだけきかせて、
ピリッとさわやかな味わいに。

材料（3〜4人分）
大根 … 1/2本
貝割れ菜 … 1パック
ほたて貝柱缶 … 大1缶（170g）
塩 … 少々
あらびき黒こしょう … 少々
A | ごま油（あれば太白ごま油）
　　… 大さじ2
　| 酢 … 大さじ2
　| 薄口しょうゆ … 大さじ1
　| 砂糖 … 小さじ1
　| わさび … 小さじ1/2

作り方
1 大根は5cm長さの細切りにする。塩をまぶして10分ほどおき、水けをしぼる。貝割れ菜は根元を切り落とし、長さを半分に切る。
2 ボウルにほたて貝柱を缶汁ごと入れ、Aを加えてまぜ合わせる。1を加えてさっとあえ、器に盛り、黒こしょうを振る。

「野菜」（のおかず）

切り干し大根の土佐煮

煮汁が口の中に広がり、しみじみとうまい煮物。
だしが出るしいたけは、はずせない食材だ。
そのまま食べるほか、まぜごはんにしても。

材料（作りやすい分量）
切り干し大根 … 30g
しいたけ … 2個
にんじん … 50g
A | だし … 1 1/2カップ
　| しょうゆ … 大さじ2
　| 砂糖 … 大さじ1
削り節 … 大1袋（5g）
ごま油 … 大さじ1

作り方
1 切り干し大根は水でもどし、水けをしっかりとしぼる。しいたけは石づきを切り落として薄切りにし、にんじんはせん切りにする。
2 フライパンにごま油を熱して1をいため、全体がなじんだらAを加え、煮汁がなくなるまで煮る。削り節を加え、からめる。

オクラとわかめのしらすあえ

手軽にさっと作れて、体にもいい副菜。
塩分で野菜から水けが出るので、あえるのは食べる直前に。

材料(3〜4人分)
オクラ…8本
わかめ(塩蔵)…60g
しらす…20g
塩…少々
A │ ごま油(あれば太白ごま油)
  │ …大さじ2
  │ 薄口しょうゆ、みりん
  │ …各大さじ1

作り方

1 オクラは塩をまぶしてこすり、うぶ毛をとる。熱湯でさっとゆで、氷水にとり、水けをふいて一口大に切る。わかめは水でもどし、水けをきって食べやすい大きさに切る。

2 ボウルにAを入れてまぜ、1、しらすを加えてさっとあえる。

長いもマッシュ

なめらかな口当たりのやさしい味。
ほんのりわさびと刻みのりが香る、おつまみにもピッタリの一品。

材料(2人分)
長いも…8cm
マスカルポーネ…50g
わさび…小さじ½
塩…適量
万能ねぎの小口切り…3本分
刻みのり…少々

作り方

1 長いもは一口大に切り、塩少々を加えた熱湯でゆでる。水けをきり、フォークの背であらめにつぶす。

2 1にマスカルポーネ、わさび、塩少々を加えてまぜ、器に盛る。万能ねぎを散らし、刻みのりをのせる。

きゅうりとちくわのごま酢あえ

ちくわは薄く切るのがポイント。
簡単なことだけど、ほかの食材とのなじみがグンとよくなる。

材料(3〜4人分)
きゅうり…2本
ちくわ…4本
わかめ(塩蔵)…30g
塩…少々
A │ しょうゆ、酢…各大さじ3
  │ すり白ごま…大さじ2
  │ 砂糖…大さじ1

作り方

1 わかめは水でもどし、食べやすい大きさに切る。きゅうりは小口切りにし、塩もみする。水でさっと洗い、水けをしっかりとしぼる。ちくわは2mm厚さの輪切りにする。

2 ボウルに1を入れ、Aであえる。

僕の好きなおにぎりの話

作りおきできるおにぎりの具

たいしそ

淡泊なうまみがごはんに合う。

【保存】冷蔵 約4日

材料（作りやすい分量）
- たい…2切れ
- 青じそ…5枚
- ゆかり…小さじ1
- 塩…少々
- ごま油（あれば太白ごま油）…大さじ1

作り方
1. たいは塩を振り、グリルで焼いて火を通す。あら熱がとれたら皮と骨をとり、手でこまかくほぐす。青じそはせん切りにし、水でさっと洗い、水けをしぼる。
2. ボウルに1を入れ、ごま油、ゆかりを加えてあえる。

＊ごはんにまぜ、塩水をつけた手で三角形ににぎる。

おかかたくあん

甘辛い味とパリパリの食感が楽しい。

【保存】冷蔵 約7日

材料（作りやすい分量）
- たくあん…1本（100g）
- 削り節…10g
- いり白ごま…大さじ1
- A｜酒…大さじ3
　｜しょうゆ、砂糖…各大さじ1
- サラダ油…大さじ1

作り方
1. たくあんは2mm厚さに切る。
2. フライパンにサラダ油を熱し、1をいため、油が回ったらAを加えてからめる。汁けがなくなったら、削り節、ごまを加えてまぜる。

＊ごはんにまぜ、塩水をつけた手で俵形ににぎり、いり白ごま少々を振る。

鶏そぼろ

どんぶりやおべんとうにも使えて便利！

煮汁ごと
【保存】冷蔵 約5日

材料（作りやすい分量）
- 鶏ひき肉…200g
- ねぎ…½本（50g）
- しょうが…10g
- A｜水…½カップ
　｜しょうゆ…大さじ3
　｜みりん、酒、砂糖…各大さじ2

作り方
1. ねぎはみじん切りにする。しょうがはすりおろす。
2. なべにA、1、ひき肉を入れ、箸でかきまぜながら火にかける。肉に火が通ってぽろぽろになり、煮汁が澄んだら火を止め、冷ます。

＊ごはんを塩水をつけた手で円盤形ににぎり、焼きのりを巻き、鶏そぼろをのせる。

おにぎり屋さんをやりたい！と思うくらいに、おにぎりが好き。手軽に食べられるし、冷めてもおいしい、1つ食べれば満足度も高い。秘訣は、熱いうちに塩水でにぎること。作業がスムーズで、塩味が均一になる。

桜えびと揚げ玉

まぜてにぎれば簡単天むす風！

【保存】冷蔵 約5日

材料（作りやすい分量）
- 桜えび…20g
- 揚げ玉…30g
- A｜酒…大さじ3
　｜しょうゆ、砂糖…各大さじ1

作り方
なべに桜えび、揚げ玉、Aを入れて火にかけ、汁けがなくなるまでまぜながら煮る。

＊ごはんにまぜ、塩水をつけた手で丸くにぎる。

3章 僕のとっておき！ごはんとめん

さっと作ってパパッと食べられる、1品完結のごはんとめん。子どものころ食べた懐かしい味や、近ごろ特に気に入ってる味、『賛否両論メンズ館』というめん料理も出す店のメニューからも何品か選んで、とにかく、好きなものを集めてみた。がっつり食べたいとき、忙しいとき、食欲がないとき、昼も夜も、二日酔いの朝も、きっと僕らの強い味方になってくれるはず。

> ねぎま、つくね、レバー、砂肝。
> 焼き鳥屋で必ず頼むものを詰め込んだ。
> 味つけは塩とたれの両方で。
> ちょっと人に自慢したくなるほど、うまい。

焼き鳥どん

材料(2人分)
鶏ひき肉…100g
鶏レバー…50g
砂肝…50g
鶏もも肉…100g
ねぎ…½本
ししとうがらし…4本
うずらのゆで卵…4個
A │ 玉ねぎのみじん切り…⅙個分
  │ かたくり粉、砂糖、しょうゆ…各小さじ1
塩、あらびき黒こしょう…各少々
B │ 酒、しょうゆ、みりん…各大さじ2
  │ 砂糖…小さじ1
サラダ油…大さじ2
ごはん…どんぶり2杯分
七味とうがらし…少々

作り方

1. ボウルに鶏ひき肉、**A**を入れ、よくねりまぜ、2等分して小判形にまとめる。

2. 鶏レバーは黄色い脂肪や血のかたまりをとり、食べやすく切る。砂肝は中央の白い脂をとり、白い皮をそぐようにして切りとり、半分に切る。

3. 鶏もも肉は筋と余分な脂をとり、一口大に切る。ねぎは3cm長さに切る。ししとうはへたを切り落とし、切り込みを1本入れる。

4. フライパンにサラダ油大さじ1を熱し、砂肝、ししとう、うずらのゆで卵を中火で焼く。火が通ったら塩、こしょうを振り、とり出す。

5. **4**のフライパンにサラダ油大さじ1を足し、もも肉、ねぎ、レバー、**1**を入れ、それぞれ両面を中火でこんがりと焼いて中まで火を通す。**B**を加え、全体にからめる。

6. 器にあたたかいごはんを盛り、**4**、**5**をのせ、七味とうがらしを振る。

とっておき「ごはん」

ごはん好きの僕は、どんぶりが大好き。忙しいときにガーッとかっこんだり、酒のシメにサラサラッと食べたり。定番の味から、包丁を使わず作れるもの、切ってまぜるだけのものなど、いろんなごはんメニューを集めてみた。

和風ピビンパ

材料(2人分)

〈鶏そぼろ〉
鶏ひき肉…100g
A | 酒…大さじ3
　| しょうゆ…大さじ1
　| 砂糖…大さじ½
粉ざんしょう…少々

〈春菊のごまあえ〉
春菊…½束
塩…少々
B | すり白ごま
　　…大さじ1
　| しょうゆ、砂糖
　　…各小さじ1

〈ごぼうのきんぴら〉
ごぼう…80g
C | 酒…大さじ1½
　| しょうゆ…大さじ1
　| 砂糖…大さじ½
サラダ油…大さじ1
一味とうがらし…少々

〈にんじんの甘酢あえ〉
にんじん…½本
塩…少々
D | 酢、水
　　…各大さじ3
　| 砂糖…大さじ1

〈もやしの塩こぶあえ〉
もやし…100g
塩…少々
E | 塩こぶ…5g
　| ごま油
　　…大さじ1

ごはん
　…どんぶり2杯分

作り方

1. 鶏そぼろを作る。なべにひき肉、**A**を入れ、木べらでよくほぐしながら弱火にかける。ポロポロになったら粉ざんしょうを振る。

2. 春菊のごまあえを作る。春菊は塩を加えた熱湯でゆで、水けをしっかりしぼる。3〜4cm長さに切り、**B**であえる。

3. ごぼうのきんぴらを作る。ごぼうは皮をこそげてささがきにする。サラダ油でいため、しんなりとしたら、**C**で調味し、一味とうがらしを振る。

4. にんじんの甘酢あえを作る。にんじんはせん切りにし、塩もみして水けをしぼる。**D**をまぜ合わせ、にんじんを加えてあえる。

5. もやしの塩こぶあえを作る。もやしは塩を加えた熱湯でゆで、ざるに上げて冷まし、**E**であえる。

6. 器にあたたかいごはんを盛り、**1**〜**5**をのせる。

> きんぴらごぼうや春菊のごまあえをのせた、
> 和テイストのピビンパ。
> 韓国のピビンパと同様に
> ごはんとよ〜くまぜ合わせて食べよう。

カツどん

材料（2人分）
豚ロース肉（とんカツ用）…2枚
玉ねぎ…½個
卵…2個
塩、こしょう…各少々
小麦粉…適量
A ｜ 卵…1個
　｜ 牛乳…大さじ1
パン粉…適量
揚げ油…適量
B ｜ だし…120mℓ
　｜ みりん…大さじ4
　｜ しょうゆ…大さじ2
ごはん…どんぶり2杯分
グリーンピース（缶詰）…適量

作り方

1. 豚肉は脂肪と赤身の間にある筋に4〜5カ所切り目を入れ、塩、こしょうを両面に振る。小麦粉、**A**をまぜたもの、パン粉を順にまぶす。

2. 揚げ油を170度に熱し、**1**を入れる。衣が色づいてきたら上下を返し、3〜4分揚げて火を通す。油をよくきり、一口大に切る。

3. 玉ねぎは薄切りにする。

4. 1人分ずつ作る。親子どん用のなべ、または小なべに**B**、玉ねぎの半量を入れて火にかけ、煮立ったら**2**を加える。

5. 卵1個を黄身が軽くつぶれるくらいにほぐし、**4**が再び煮立ったら、カツにのせるように入れてふたをし、5秒ほどで火を止める。

6. 器にあたたかいごはんを盛り、**5**をすべらせるようにのせ、グリーンピースを添える。もう1人分も同様に作る。

とっておき「ごはん」

仕上げは小なべで1人分ずつ。卵は軽くつぶしたくらいで加え、ここからの加熱時間は5秒！

サクサクの衣と甘辛いつゆ、
少しシャキシャキ感が残った玉ねぎが、
カツどんの醍醐味。
卵はそば屋のそれのように、
白身と黄身が分かれているのが好みだから、
あまりときほぐさずに加える。

ソースカツどん

辛みのあるウスターソースに、しょうゆとだし、甘みを足して、
ごはんによく合う和の味に。ソースはカツにかけるだけでなく、
揚げたてのカツをくぐらせて、しっかりからめる。

材料（2人分）
ロースカツ (p.68参照)…2枚
キャベツ…¼個
A ｜ ウスターソース、しょうゆ
　　　…各½カップ
　　 だし…大さじ3
　　 みりん、砂糖…各大さじ2
ごはん…どんぶり2杯分
ねりがらし…少々

作り方
1　キャベツはせん切りにする。
2　なべにAを入れてまぜながら火にかける。煮立ったら、揚げたてのカツをくぐらせ、一口大に切る。
3　器にあたたかいごはんを盛り、1、2を順にのせる。2のソースを少々かけ、ねりがらしを添える。

みそカツどん

最近のマイブーム"カツどん"はこれ！
赤みそベースのまったりソースが、とにかくクセになる。
これにぜひとも添えてほしいのが、わけぎ。
ねぎほど強くない香りが、ほどよくサポートしてくれる。

材料（2人分）
ロースカツ (p.68参照)…2枚
わけぎ…1本
A ｜ 赤みそ…50g
　　 砂糖、酒…各大さじ3
　　 みりん…大さじ2
　　 だし…大さじ4
ごはん…どんぶり2杯分
温泉卵（市販）…2個
いり白ごま…少々

作り方
1　カツは揚げたてを、一口大に切る。わけぎは小口切りにする。
2　小なべにAを入れて弱火にかけ、焦がさないようにねりながら、とろりとするまで火を通す。
3　器にあたたかいごはんを盛り、1をのせて2をかける。温泉卵を添え、ごまを振る。

カツ茶づけ

サクサクに揚げたカツを、あえてお茶づけに。
不思議に思えるかもしれないけど、
食べてみると、箸がすすむのなんの！

材料（2人分）
ロースカツ (p.68参照)…2枚
キャベツ…¼個
ねぎ…½本
三つ葉…3本
A ｜ しょうゆ、酒、みりん
　　　…各大さじ1
サラダ油…大さじ1
ごはん…どんぶり2杯分
刻みのり…少々
わさび…少々
緑茶…適量

作り方
1　キャベツは1cm幅に、ねぎは斜めに薄く切る。三つ葉は3cm長さに切り、カツは揚げたてを一口大に切る。
2　フライパンにサラダ油を熱し、キャベツ、ねぎをいためる。しんなりとしたらAを加え、いためながらからめる。
3　器ににあたたかいごはんを盛り、2、カツを順にのせる。三つ葉、のりを散らし、わさびを添え、緑茶をかける。

親子どん

鶏肉の皮目に、こんがりと焼き目をつけるのが笠原流。
香ばしくしたいので、できればグリルなどで直火焼きに。
卵は軽くといて加え、ふたをして10秒で火を止める。

材料（2人分）
鶏もも肉 … 150g
卵 … 2個
ねぎ … ½本
三つ葉 … 3本
A│だし … 120ml
　│みりん … 大さじ4
　│しょうゆ … 大さじ2
ごはん … どんぶり2杯分

作り方

1. ねぎは斜め切りにし、三つ葉は1cm長さに切る。
2. 鶏肉は筋と余分な脂をとり、皮目を魚焼きグリルであぶるか、フライパンでこんがりと焼く。返して身のほうもさっと焼き、一口大のそぎ切りにする。
3. 1人分ずつ作る。親子どん用のなべ、または小なべにAの半量を入れ、2とねぎの半量を加えて火にかけ、肉に火が通るまで煮る。卵1個を軽くほぐして回し入れ、三つ葉の半量を加え、ふたをして10秒ほどで火を止める。
4. 器にあたたかいごはんを盛り、3をすべらせるようにしてのせる。もう1人分も同様に作る。

鶏肉に焼き目をつける段階では、中まで火を通さなくてOK。小なべで煮るときに火を通し、卵でとじて仕上げる。

とっておき「ごはん」

ささ身のタコライス

余熱で火を入れたしっとりやわらかいささ身と、
生野菜をたっぷりのっけたヘルシーごはん。
和を意識して、辛みは一味とうがらし。
トマトに味をからめてあるので、まぜながら食べて。

材料（2人分）
鶏ささ身 … 2本
レタス … ½個
青じそ … 4枚
きゅうり … 1本
トマト … 1個
塩 … 少々
A│ごま油、しょうゆ … 各大さじ1
　│砂糖 … ふたつまみ
　│一味とうがらし … 少々
ごはん … 茶わん2杯分
いり白ごま …… 少々

作り方

1. ささ身は筋をとり、塩を加えた熱湯に入れ、すぐに火を止める。5分ほどそのままおいて余熱で火を通し、ほぐす。
2. レタス、青じそ、きゅうりはせん切りにし、水にさらしてシャキッとさせ、水けをしっかりきる。
3. トマトは食べやすく切り、Aであえる。
4. 器にあたたかいごはんを盛り、2、3、1を順にのせ、ごまを振る。

海鮮ひつまぶし

本家のひつまぶしと同様に、まずはそのまま、
次に薬味をまぜて、最後はだしをかけて食べよう。

材料（2人分）
まぐろの刺し身（赤身のさく）…50g
サーモン（刺し身用）…50g
いか（刺し身用）…50g
ほたて貝柱（刺し身用）…2個
イクラ…30g
みょうが…1個
万能ねぎ…3本
青じそ…5枚
A | しょうゆ…大さじ3
  | みりん…大さじ1
  | ごま油…小さじ1
B | だし…1½カップ
  | 薄口しょうゆ、酒
  |　…各大さじ1
ごはん…どんぶり2杯分
焼きのり…全形1枚
いり白ごま…大さじ1
わさび…少々

作り方

1 まぐろ、サーモン、いか、ほたては1cm角に切り、**A**であえる。

2 みょうが、万能ねぎは小口切りにし、青じそはせん切りにする。**B**はひと煮立ちさせる。

3 器にあたたかいごはんを盛り、のりをちぎってのせる。**1**を彩りよくのせ、イクラを散らす。**2**、ごま、わさびを別の器に盛って添える。

最初はそのまま食べ、次に薬味をまぜて食べ、最後に熱いだしをかけて食べる。

深川どん

あさりはふっくら仕上げたいから、火を通しすぎないこと。
野菜がやわらかくなってからあさりを戻し、さっと煮る程度に。

材料（2人分）
あさり（殻つき）…300g
卵…2個
ごぼう…80g
しいたけ…2個
ねぎ…⅓本
三つ葉…3本
塩…適量
A | 水…1½カップ
  | 酒…¼カップ
  | こぶ（だし用）…3g
B | みそ…大さじ1
  | しょうゆ…大さじ2
  | 砂糖…小さじ2
ごはん…どんぶり2杯分
粉ざんしょう…少々

作り方

1 あさりは塩水につけて砂出しし、こすり洗いする。ごぼうは皮をこそげ、ささがきにする。しいたけは軸を切り落として薄切りにし、ねぎは斜め薄切りに、三つ葉は3cm長さに切る。

2 なべにあさり、**A**を入れて火にかけ、あさりの口があいたら火を止める。あさりと汁に分け、あさりは殻から身をはずす。

3 なべに**2**の煮汁、ごぼう、しいたけ、ねぎを入れて火にかけ、野菜がやわらかくなったら**B**で調味する。あさりの身を戻し入れてさっと煮、三つ葉を散らす。

4 卵を割りほぐして**3**に回し入れ、好みのかげんに火を通す。

5 器にあたたかいごはんを盛り、**4**をのせ、粉ざんしょうを振る。

笠原流 TKG

TKGとは、ご存じ"卵かけごはん"の略称。
僕のお気に入りは、ごはんが冷めないように
少しあたためた卵をのせるスタイル。とろりとした黄身、
特製だれ、とけたバターがからみ……想像しただけでおなかがすく！

材料（2人分）
卵…2個
ねぎ…⅓本
焼きのり…適量
バター…10g
ごはん…どんぶり2杯分
わさび（できれば生をすりおろす）
　…少々

〈特製だれ（作りやすい分量）〉
しょうゆ…1カップ
みりん…¼カップ
こぶ（だし用）…3g
削り節…10g

作り方

1. なべに特製だれの材料を入れて火にかけ、煮立ったら弱火にして3分煮、火を止める。室温まで冷まし、ざるでこす。
2. ねぎは小口切りにして水にさらし、水けをよくしぼる。のりはさっとあぶる。バターは室温にもどす。
3. なべに湯を沸かし、卵を入れて2分ゆでる。
4. 器にあたたかいごはんを盛り、のりをちぎってのせる。3の卵を殻を割ってのせ、1を適量かけ、わさびを添える。ねぎ、バターを別の器に盛って添え、好みでのせながら食べる。

とっておき「ごはん」

ツナアボカドどん

ツナとアボカドは、どちらもマヨネーズと相性がいい。
ならば！と両者を合わせてみた。ごはんにのせるので、
しょうゆを加え、黒こしょうでビシッと味を引き締める。

材料（2人分）
ツナ缶…小1缶（85g）
アボカド…1個
玉ねぎ…¼個
A｜マヨネーズ…大さじ2
　｜しょうゆ…大さじ1
　｜あらびき黒こしょう…少々
ごはん…どんぶり2杯分
削り節…5g

作り方

1. アボカドは種と皮をとり、2cm角に切る。玉ねぎはみじん切りにし、水にさっとさらし、水けをしぼる。
2. ボウルに1を入れ、ツナを缶汁ごと加え、Aを加えてさっくりとあえる。
3. 器にあたたかいごはんを盛り、2をのせ、削り節をかける。

ねぎしらすトマトどん

切って、まぜて、のっけただけの、簡単どんぶり。
コツなんて特にないけど、しいて言うなら、ごま油であえること。
香りがフワ〜ッと広がって食欲がわく。

材料(2人分)
トマト…2個
ねぎ…½本
しらす…40g
A │ ごま油…大さじ2
　│ 塩…小さじ½
　│ みりん…小さじ1
　│ いり白ごま…大さじ1
ごはん…どんぶり2杯分

作り方
1. トマトはへたをとって皮を湯むきし、一口大に切る。ねぎはみじん切りにする。
2. ボウルに 1、しらすを入れ、A を加えてあえる。
3. 器にあたたかいごはんを盛り、2 をのせる。

鮭とキャベツの卵おじや

みじん切りにしたキャベツのシャキシャキとした食感が、
やわらかいおじやのアクセントに。
バターの香りがやさしく広がる。

材料(2人分)
塩鮭…2切れ
キャベツ…⅓個
卵…2個
A │ だし…2カップ
　│ みりん…大さじ2
バター…20g
ごはん…300g
万能ねぎ…適量

作り方
1. 鮭はグリルで焼き、皮と骨をとってほぐす。キャベツはみじん切りにし、万能ねぎは小口切りにする。卵は割りほぐす。
2. なべにA、キャベツを入れ、弱火で煮る。鮭、ごはんを加えてさっと煮、卵を回し入れて好みのかげんに火を通し、バターを加える。器に盛り、万能ねぎを散らす。

> 小学生のとき、自分でもよく作って食べていたのが焼きうどん。肉はやっぱり豚、野菜はとにかくたっぷり入れる。目玉焼きをつぶして、とろりとからめながら食べよう。

思い出の焼きうどん

材料(2人分)
うどん(冷凍)…2玉
豚こまぎれ肉…100g
キャベツ…2枚
にんじん…1/3本
ピーマン…2個
卵…2個
塩…適量
あらびき黒こしょう
　…少々

A │ だし…1カップ
　│ みりん、酒、
　│ しょうゆ
　│ …各大さじ1

サラダ油…大さじ2
削り節…5g
紅しょうが…適量

作り方

1 うどんはたっぷりの熱湯でほぐれるまでゆで、湯をきって冷水で洗い、水けをきる。

2 キャベツは一口大に切り、にんじんは細い拍子木切りに、ピーマンは細切りにする。Aはまぜ合わせる。

3 フライパンにサラダ油大さじ1を熱し、豚肉をいためる。肉の色が変わったら2の野菜、塩ひとつまみを加え、いため合わせる。

4 にんじんに火が通ったら1を加えていため合わせ、Aを加えてひと煮し、黒こしょうを振る。

5 別のフライパンにサラダ油大さじ1を熱し、卵を割り入れて塩を振り、目玉焼きを作る。白身が固まったら水大さじ1を加え、ふたをして30秒蒸し焼きにし、火を止める。

6 器に4を盛り、5をのせ、削り節、紅しょうがを添える。

大好きな「めん」

子どものころから、自分でよく焼きそばや焼きうどんを作っていた。めんは時間がなくてもさっと作れて、バリエーションが豊富。アレンジも自由にできる、気軽で平和な食べ物だと思う。

笠原流焼きうどんは、いため煮スタイル。多めの水分＝だし＋調味料を加えてひと煮立ちさせることで、めんはもちもち、野菜は歯ごたえよく、肉はやわらかく仕上がる。

ふわとろ卵とじうどん

つゆにとろみをつけてから
とき卵を加えることで、ふわっとやさしい口当たりに。

材料(2人分)
うどん(冷凍)…2玉
卵…2個
ねぎ…½本
三つ葉…3本
水どきかたくり粉…大さじ1
A │ 万能めんつゆ(p.82参照)
  │   …240㎖
  │ だし…360㎖

作り方

1 ねぎは斜め薄切りにする。三つ葉は葉をつみ、茎は3㎝長さに切る。

2 なべにAを入れてひと煮立ちさせ、水どきかたくり粉を加えてとろみをつける。ねぎを加え、さっと煮る。

3 ボウルに卵を割り入れてほぐし、お玉ですくって2に少しずつ加える。

4 うどんはたっぷりの熱湯でほぐれるまでゆで、湯をきって器に盛る。3を静かに注ぎ、三つ葉をのせる。

きつねうどん

甘辛く煮含めたお揚げを、シンプルに楽しみたいうどん。
油揚げは汁けがなくなるまで煮たあと、冷ますことで味がなじむ。

材料(2人分)
ゆでうどん…2玉
油揚げ…大1枚
A │ 簡単だし(p.10参照)…1カップ
  │ しょうゆ、砂糖…各大さじ1
B │ 簡単だし(p.10参照)…3カップ
  │ 薄口しょうゆ、みりん
  │   …各大さじ2
万能ねぎの小口切り…適量
ゆずの皮のせん切り…適量

作り方

1 油揚げは半分に切ってなべに入れ、たっぷりの水を加えて火にかける。沸騰したらざるに上げ、水けをきる。なべに入れ、Aを加えて弱火にかけ、汁けがなくなるまで煮て、そのまま冷ます。

2 別のなべにBを入れ、ひと煮立ちさせる。

3 うどんは熱湯であたため、ざるに上げる。器に盛り、2をかけ、1をのせ、万能ねぎ、ゆずの皮を添える。

王道! 肉うどん

関東で肉うどんといえば豚肉だけど、これは牛肉を使った関西スタイル。
肉は濃いめにしっかり味つけしたほうがおいしい。

材料(2人分)
うどん(冷凍)…2玉
牛こまぎれ肉…200g
ねぎ…½本
三つ葉…3本
万能めんつゆ(p.82参照)…½カップ
A │ 万能めんつゆ(p.82参照)
  │   …240㎖
  │ だし…360㎖

作り方

1 牛肉は熱湯でさっとゆで、ざるに上げて湯をきる。小なべにめんつゆ½カップ、牛肉を入れて火にかけ、汁けがなくなるまで煮る。

2 ねぎは1㎝厚さの斜め切りにし、三つ葉は3㎝長さに切る。

3 なべにA、ねぎを入れて火にかけ、ひと煮する。

4 うどんはたっぷりの熱湯でほぐれるまでゆで、湯をきる。器に盛り、3をかけて1をのせ、三つ葉を散らす。

あつあつなべ焼きうどん

なべに具材、うどん、めんつゆ、だしを入れて火にかけるだけ。
だから、時間がないときや、夜食にもピッタリ。
寒い日は特に、体が芯からあったまる。
具は好きなものを、なんでも自由に。

材料(2人分)
- うどん(冷凍)…2玉
- 鶏もも肉…100g
- ねぎ…⅓本
- しいたけ…2個
- 小松菜…¼束
- もち…2個
- 卵…2個
- A
  - 万能めんつゆ(p.82参照)…240㎖
  - だし…360㎖

作り方
1. うどんはたっぷりの熱湯でほぐれるまでゆで、湯をきる。
2. 鶏肉は一口大に切る。ねぎは斜め切りにする。しいたけは半分に切る。
3. 小松菜はさっとゆでて冷水にとり、水けをしぼって5㎝長さに切る。
4. もちはトースターなどで焼く。
5. なべにA、1を入れ、2をのせて火にかける。煮立ったら弱火にし、3、4をのせ、卵を割り入れてふたをする。卵が好みのかたさになるまで火を通す。

肉みそたっぷりジャージャーうどん

冷たいうどんに、あつあつで濃厚な肉みそをたっぷりかける。
太さのあるうどんに合わせて、具材も大きめにカット。
パスタでもいわれることだけど、太いめんには濃厚なソースが合う。

材料(2人分)
- うどん(冷凍)…2玉
- 合いびき肉…150g
- ゆでたけのこ…50g
- しいたけ…2個
- 玉ねぎ…¼個
- きゅうり…1本
- ねぎ…⅓本
- トマト…½個
- 温泉卵(市販)…2個
- 水どきかたくり粉…大さじ2
- ごま油…大さじ1
- A
  - 水…2カップ
  - 鶏ガラスープのもと…小さじ⅔
  - テンメンジャン…大さじ3
  - しょうゆ…大さじ1
  - にんにくのすりおろし…小さじ½
  - しょうがのすりおろし…小さじ½

作り方
1. たけのこは1㎝角に切る。しいたけ、玉ねぎはあらみじんに切る。Aはまぜ合わせる。
2. フライパンにごま油を熱し、ひき肉、1の野菜を中火でいためる。肉の色が変わったらAを加えてひと煮し、水どきかたくり粉を加えてとろみをつける。
3. きゅうり、ねぎはせん切りにし、トマトは輪切りにする。
4. うどんはたっぷりの熱湯でほぐれるまでゆで、湯をきって冷水で洗い、水けをきる。器に盛り、2をかけ、3、温泉卵を添える。

大好きなめん

シャキシャキみょうが豚しゃぶうどん

夏の定番、豚の冷しゃぶをうどんにアレンジ。
みょうがの香りとシャキシャキ感が心地よい。
仕上げにごま油を回しかけて、さらに食欲を刺激する。

材料(2人分)
- うどん(冷凍)…2玉
- 豚肉(しゃぶしゃぶ用)…150g
- みょうが…3個
- 塩…少々
- ごま油…小さじ1
- A｜万能めんつゆ(p.82参照)…¾カップ
   ｜だし…¾カップ

作り方

1 みょうがはせん切りにして水にさらす。Aはまぜ合わせる。

2 なべに湯を沸かし、塩を加えて火を止め、豚肉を広げて入れる。肉の色が変わったら、ざるに上げる。

3 うどんはたっぷりの熱湯でほぐれるまでゆで、湯をきって冷水で洗い、水けをきる。器に盛り、Aをかけ、2、みょうがをのせ、ごま油を回しかける。

オイスター釜玉うどん

卵に生クリームを加え、しょうゆのかわりにオイスターソースを使ってコクのある味に。湯せんにかけてとろりとするまでまぜてあるから、びっくりするほど、なめらかな口当たり!

材料(2人分)
- うどん(冷凍)…2玉
- 卵…3個
- A｜生クリーム…大さじ1
   ｜ごま油、オイスターソース…各小さじ1
   ｜塩…ふたつまみ
- 万能ねぎの小口切り…適量

作り方

1 ボウルに卵を割りほぐし、Aを加える。熱湯の入ったなべにボウルの底を当て、泡立て器でとろりとするまでよくまぜる。

2 うどんはたっぷりの熱湯でほぐれるまでゆで、湯をきって器に盛る。1をかけ、万能ねぎをのせる。

和食屋のカレーうどん

めんつゆとだしがベースの和の味。具はシンプルに、豚肉と玉ねぎだけ。
バターでいためてコクと風味を補う。
とろみをつけて、あつあつを食べるのがたまらない。

材料(2人分)
- うどん(冷凍)…2玉
- 豚こまぎれ肉…150g
- 玉ねぎ…½個
- バター…20g
- カレー粉…大さじ1
- A｜万能めんつゆ(p.82参照)…240mℓ
   ｜だし…360mℓ
- 水どきかたくり粉…大さじ1
- 万能ねぎの小口切り…適量

作り方

1 玉ねぎは薄切りにする。豚肉は、大きければ食べやすく切る。

2 フライパンにバターをとかして1をいためる。肉の色が変わったらカレー粉を振り入れ、香りが立つまでいためる。Aを加えてひと煮し、水どきかたくり粉を加えてとろみをつける。

3 うどんはたっぷりの熱湯でほぐれるまでゆで、湯をきって器に盛る。2をかけ、万能ねぎをのせる。

すだちそば

『賛否両輪メンズ館』でも人気のあるメニュー。
見た目も涼しげでインパクトがあり、
すだちの果汁を加えたつゆがさわやか。
食欲のない夏でも、つるりといける。

材料(2人分)
そば(乾めん)…2束(120g×2)
すだち…6個
A│万能めんつゆ(p.82参照)
　│　…240mℓ
　│だし…360mℓ

作り方

1. すだちは洗って皮つきのまま、へたの部分を厚めに切りとり、薄い輪切りにする。
2. ボウルにAを入れ、すだちのへたをしぼって加え、冷蔵庫で冷やす。
3. そばはたっぷりの熱湯でゆで、湯をきって冷水で洗い、水けをきる。器に盛り、2をかけ、すだちの輪切りを広げてのせる。

大好きな「めん」

しらすとクレソンのぶっかけそば

めんとなじんで食べやすいように、
クレソンは、やわらかい葉の部分のみを使用。
残った茎は、みじん切りにして大根おろしとまぜ、
刺し身や肉料理に添えるといい。

材料(2人分)
そば(乾めん)…2束(120g×2)
しらす…60g
クレソン…1束
A│万能めんつゆ(p.82参照)
　│　…¾カップ
　│だし…¾カップ

作り方

1. クレソンは葉をつむ。Aは合わせて冷やす。
2. そばはたっぷりの熱湯でゆで、湯をきって冷水で洗い、水けをきる。器に盛り、Aをかけ、しらすをのせ、クレソンを散らす。

日の丸そば

長いもは、すりおろすのではなく、包丁でたたく。
あらいみじん切りのとろろ状になって、
いつもと違う食感が楽しい。
梅干しの酸味にいやされる。

材料（2人分）
そば（乾めん）…2束（120g×2）
長いも…8cm
梅干し…2個
青じそ…5枚
塩…少々
わさび…少々
A｜万能めんつゆ（p.82参照）
　　…¾カップ
　｜だし…¾カップ

作り方

1. Aは合わせて冷やす。
2. 長いもはみじん切りにするように包丁でこまかくたたいてとろろ状にし、塩を振って軽くまぜる。
3. 梅干しは種をとる。青じそはせん切りにする。
4. そばはたっぷりの熱湯でゆで、湯をきって冷水で洗い、水けをきって器に盛る。2、梅干しをのせ、青じそ、わさびを添える。別の器に1を入れて添え、かけて食べる。

やみつき納とうふそば

納豆＋とうふで、納とうふ。納豆のネバネバにつゆがからまって、
とろろのようなふんわりとした食感に。
僕は納豆が大好きなんだけど、これはやさしい味なので、
納豆が苦手な人にも、ぜひ、作ってみてほしい。

材料（2人分）
そば（乾めん）…2束（120g×2）
納豆…2パック
絹ごしどうふ…½丁
A｜納豆のたれ…2パック分
　｜納豆のからし…2パック分
　｜万能めんつゆ（p.82参照）
　　…大さじ2
B｜万能めんつゆ（p.82参照）
　　…¾カップ
　｜だし…¾カップ
万能ねぎの小口切り…適量
刻みのり…適量

作り方

1. とうふはキッチンペーパーで包んで重しをし、20分おいてしっかり水きりする。ボウルにくずしながら入れ、納豆、Aを加えてまぜる。
2. Bは合わせて冷やす。
3. そばはたっぷりの熱湯でゆで、湯をきって冷水で洗い、水けをきって器に盛る。2をかけ、1、万能ねぎ、のりを順にのせる。

たいにゅうめん

たいは霜降りにしてくさみをとり、甘めにふっくら煮つけにしてのせる。
しみじみおいしい、ハレの日にもぴったりなめん。

材料（2人分）
そうめん … 3束（50g×3）
たい（切り身）… 2切れ
しいたけ … 2個
A ｜ 万能めんつゆ（p.82参照）… 1カップ
　　｜ 酒 … 1/4カップ
　　｜ 砂糖 … 小さじ1
B ｜ 万能めんつゆ（p.82参照）… 1カップ
　　｜ だし … 2カップ
木の芽 … 適量

作り方
1. たいはたっぷりの熱湯にさっとくぐらせ、氷水にとり、水けをきる。しいたけは薄切りにする。
2. なべにAを入れて火にかけ、煮立ったら1を加えて煮る。煮汁が1/3量になったら火を止め、あら熱がとれるまでそのままおく。
3. そうめんはたっぷりの熱湯でゆで、湯をきって冷水で洗い、水けをきって器に盛る。Bをあたためてかけ、2をのせ、木の芽を添える。

温玉アボカドそうめん

しょうゆとわさびをからめたアボカドが、冷たいめんと相性抜群。
温泉卵を割って、よくまぜながら食べよう。

材料（2人分）
そうめん … 3束（50g×3）
アボカド … 1個
イクラ … 40g
温泉卵（市販）… 2個
A ｜ しょうゆ … 小さじ1
　　｜ わさび … 小さじ1/2
　　｜ サラダ油 … 大さじ1
B ｜ 万能めんつゆ（p.82参照）… 1/2カップ
　　｜ だし … 1/2カップ
刻みのり … 少々

作り方
1. アボカドは食べやすい大きさに切り、Aであえる。
2. Bは合わせて冷やす。
3. そうめんはたっぷりの熱湯でゆで、湯をきって冷水で洗い、水けをきって器に盛る。2をかけ、1、イクラ、温泉卵をのせ、のりを添える。

野菜たっぷりそうめん二郎

名店『ラーメン二郎』へのオマージュ。冷たいそうめんに、
ごま油やにんにくであえた豚肉と野菜をたっぷりのせて豪快に食べる。

材料（2人分）
そうめん … 3束（50g×3）
豚こまぎれ肉 … 100g
キャベツ … 2枚
もやし … 1袋
にんじん … 5cm
絹さや … 8枚
A ｜ 万能めんつゆ（p.82参照）… 大さじ3
　　｜ ごま油 … 大さじ2
　　｜ にんにくのすりおろし … 小さじ1/2
B ｜ 万能めんつゆ（p.82参照）… 1/2カップ
　　｜ だし … 1/2カップ
塩、あらびき黒こしょう … 各少々

作り方
1. キャベツは一口大に切り、にんじんは拍子木切りにする。絹さやは筋をとる。
2. 大きめのなべに湯を沸かして塩を加え、豚肉、もやし、1を入れてゆでる。肉の色が変わったらざるに上げて湯をきり、Aであえる。
3. そうめんはたっぷりの熱湯でゆで、湯をきって冷水で洗い、水けをきって器に盛る。Bを合わせてかけ、2をのせ、黒こしょうを振る。

たことすいかの梅冷やし中華

『賛否両論』の夏の人気メニュー「梅、たこ、すいかのあえ物」を、冷やし中華にアレンジしてみた。しょっぱい梅と、甘いすいかの組み合わせが気に入っている。

材料(2人分)
- 中華めん(生)…2玉(130g×2)
- ゆでだこの足…100g
- すいか(小玉)…1/5個(300g)
- きゅうり…1/2本
- 青じそ…5枚
- 梅干し…2個
- A
  - 水…1カップ
  - 鶏ガラスープのもと…小さじ1/3
  - 酢…大さじ3
  - 砂糖…大さじ1
  - しょうゆ…大さじ1
  - サラダ油…大さじ1
  - トマトケチャップ…大さじ1
- B
  - サラダ油…大さじ1
  - 薄口しょうゆ、みりん、酢…各小さじ1

作り方
1. Aは合わせて冷やす。
2. たこは一口大のそぎ切りにする。すいかは2cm角に切り、皮はとっておく。きゅうりは細切りにする。青じそはせん切りにし、水にさっとさらし、水けをきる。
3. 梅干しは種を除いてBとまぜ、たこ、すいか、きゅうりを加えて、さっとあえる。
4. 中華めんはたっぷりの熱湯でほぐれるまでゆで、湯をきって冷水で洗い、水けをきって器に盛る。1をかけ、3、青じそをのせ、すいかの皮を添える。

トマトとなめこの白みそペンネ

すいとんのイメージでペンネを使い、白みそ仕立てのトマトクリームソースに。なめことトマトは、みそ汁の具ではおなじみの組み合わせ。ねばねばが、いい仕事してます。

材料(2人分)
- ペンネ…120g
- トマト…1個
- なめこ…1/2袋
- しょうが…1/3かけ
- A
  - 白みそ…大さじ2
  - 牛乳、酒…各大さじ2
  - しょうゆ…小さじ1
- 塩…適量
- サラダ油…大さじ1
- 万能ねぎの小口切り…適量
- あらびき黒こしょう…少々

作り方
1. トマトは一口大に切り、しょうがはみじん切りにする。なめこは熱湯でさっとゆで、ざるに上げて湯をきる。Aはまぜ合わせる。
2. たっぷりの熱湯に1%の塩を加え、ペンネを入れて、袋の表示どおりにゆで始める。
3. フライパンにサラダ油を熱し、トマト、しょうが、なめこをいためる。香りが立ったら、Aを加えてさっとまぜ合わせる。
4. 2のペンネを湯をきって3に加え、手早くあえて器に盛る。万能ねぎを散らし、黒こしょうを振る。

笠原流「万能めんつゆ」

材料を煮てこすだけ！"つけつゆ"にも"ぶっかけつゆ"にも"かけつゆ"にも使える、基本のめんつゆ。日もちするので、多めに作ってもいい。

ぶっかけつゆ
同量のだしでわる。

かけつゆ
1.5倍のだしでわる。

つけつゆ
そのまま。

1 なべに材料すべてを入れる。削り節は1枚1枚ほぐすように全体に広げて入れると、うまみが出やすい。

2 中火にかける。煮立ったら弱火にして、そのまま5分ほど煮る。

3 火を止めて、あら熱がとれるまでそのままおく。

4 ざるにキッチンペーパーを敷き、**3**を流し入れてこす。お玉の背で、削り節をぎゅうぎゅう押してしぼる。

でき上がり！

保存する場合は、容器に移して冷蔵庫へ。約5日間保存できる。めんのほかに、親子どんやカツどん、すき焼きのわりしたなどにも使える。冷ややっこや、おひたしにかけても。

材料（約300mℓ分）
- こぶ（だし用）…5×5cm（5g）
- 削り節…15g
- いりこ…5g
- しょうゆ…大さじ2
- 薄口しょうゆ…大さじ2
- みりん…大さじ4
- 砂糖…大さじ1
- 水…1½カップ

笠原流「めんの薬味」

作り方はどれも、材料をすべてまぜ合わせるだけ。好みのものを添えて、途中でめんに加えながら食べると、香りや味の変化が楽しめる。

3色おろし
材料（作りやすい分量）

≫ 黄
- 大根おろし…大さじ4
- 卵黄…1個分
- 塩…ひとつまみ
- サラダ油…小さじ1

≫ 緑
- 大根おろし…大さじ4
- 青じそのみじん切り…5枚分
- 万能ねぎの小口切り…3本分
- 塩…ひとつまみ

≫ 赤
- 大根おろし…大さじ4
- 梅干し（たたく）…1個
- しば漬けのみじん切り…大さじ1

焼きなすたたき
材料（作りやすい分量）
- なす（じか火で焼いて皮をむき、包丁でたたく）…2個
- しょうがのすりおろし…小さじ1
- みょうがのみじん切り…1個分
- 万能ねぎの小口切り…3本分
- しょうゆ…小さじ1
- みりん…小さじ1
- ごま油…大さじ1

笠原流「変わりだれ」

シンプルな「塩だれ」から、『賛否両論メンズ館』でも人気の「ごまくるみだれ」まで、うどん、そば、そうめん、どのめんとも好相性。いずれも冷蔵で約5日間保存できる。

塩だれ

材料（2人分）
塩…大さじ1/2、みりん…大さじ2、砂糖…小さじ1、こぶ（だし用）…10×10cm、水…2カップ

作り方
なべに材料すべてを入れ、火にかけてひと煮立ちさせ、火を止める。あら熱がとれたらざるでこす。

めんつゆジュレ仕立て

材料（2人分）
万能めんつゆ（p.82参照）…1カップ、だし…1カップ、板ゼラチン…4.5g

作り方
1. 板ゼラチンはかぶるくらいの水につけ、ふやかす。 2. 小なべに万能めんつゆ、だしを入れて火にかけ、煮立ち始めたら1を加えてまぜ、火を止める。あら熱がとれたら容器に入れ、冷蔵庫で冷やし固める。

ガスパチョ風だれ

材料（2人分）
トマトジュース…3/4カップ、きゅうり…1/2本、玉ねぎ…1/8個、にんにく…1かけ、オリーブ油…大さじ2、あらびき黒こしょう…少々、塩…少々、薄口しょうゆ…大さじ1、みりん…大さじ1

作り方
材料すべてをミキサーにかけ、冷蔵庫で冷やす。

ごまくるみだれ

材料（2人分）
くるみ…150g、すり白ごま…大さじ3、A［万能めんつゆ（p.82参照）…1 1/4カップ、牛乳…1/2カップ］

作り方
1. くるみはフライパンに入れ、弱火でからいりする。Aはまぜ合わせる。
2. ミキサーにくるみ、ごまを入れ、Aを少しずつ加えながら、なめらかになるまでまぜ合わせる。

ピリ辛豆乳だれ

材料（2人分）
豆乳…1 1/4カップ、万能めんつゆ（p.82参照）…1/2カップ、豆板醤…小さじ1、ごま油…小さじ1

作り方
材料すべてをまぜ合わせる。

冷や汁風だれ

材料（2人分）
あじの干物…1枚、みそ…大さじ3、みょうが…1個、青じそ…5枚、A［だし…2カップ、しょうゆ…大さじ1、みりん…大さじ1］、万能ねぎの小口切り…5本分、いり白ごま…大さじ1

作り方
1. みょうが、青じそはみじん切りにする。 2. あじの干物はグリルで両面を焼いてほぐし、みそと合わせ、包丁でたたく。ボウルに入れ、Aを加えてまぜる。 3. 1、2、万能ねぎを合わせ、ごまを振る。

塩こぶしょうが

材料（作りやすい分量）
塩こぶ（刻む）…大さじ3
しょうがのすりおろし…大さじ2/3
サラダ油…大さじ1

ねぎ塩黒こしょう

材料（作りやすい分量）
ねぎのみじん切り…1本分
いり白ごま…大さじ1
あらびき黒こしょう…小さじ1/2
塩…小さじ1/2
ごま油…大さじ2

山形のだし風

材料（作りやすい分量）
きゅうり（1cm角）…1本分
なす（1cm角）…1個分
オクラ（1cm角）…3本分
みょうが（1cm角）…1個分
長いも（1cm角）…2cm分
塩…小さじ1
酢…大さじ1
サラダ油…大さじ1
＊冷蔵庫で10分ほど味をなじませる。

黒ごま春菊

材料（作りやすい分量）
春菊（塩ゆでして水けをしぼってみじん切り）…1/2束
すり黒ごま…大さじ2
しょうゆ…小さじ1
みりん…小さじ1
ごま油…小さじ1

おかかセロリ

材料（作りやすい分量）
セロリの茎（斜め薄切り）…1/2本分
削り節…大2袋（10g）
しょうゆ…小さじ1
みりん…小さじ1
サラダ油…大さじ1

笠原流 炊き込みごはんとのっけごはん

手軽なのに、おかわり必須。
おもてなしの最後や、飲んだあとのシメごはんにも、きっと喜ばれるはず。

ほたて缶の炊き込みごはん

作り方
ほたて貝柱缶を具と缶汁に分ける。缶汁に水を足して米と同量にし、洗って浸水させた米に加え、まぜる。ほたてをのせて炊く。炊き上がったら、さっくりとまぜ、茶わんに盛り、焼きのりをちぎってのせる。

焼き豚の炊き込みごはん

作り方
市販の焼き豚をこまかく切り、洗って浸水させた米にのせ、水かげんをして炊く。炊き上がったら、さっくりとまぜて茶わんに盛り、万能ねぎの小口切りを散らし、あらびき黒こしょうを振る。

しらす卵黄のっけごはん

作り方
ごはんにしらすをのせ、まん中に卵黄をのせる。わさびを添え、しょうゆをほんの少量かける。

刺し身塩こぶのっけごはん

作り方
白身魚の刺し身を塩こぶであえ、ごはんにのせる。

おかかねぎのりのっけごはん

作り方
ねぎは小口切りにし、削り節、しょうゆであえる。焼きのりをちぎって加え、ごはんにのせる。

とうふみょうがのっけごはん

作り方
とうふはキッチンペーパーでふいて軽く水けをきり、くずしてごはんにのせる。みょうがの小口切りをのせ、塩を振り、ごま油をたらす。

ツナ梅とろろのっけごはん

作り方
ツナ缶は缶汁をきり、長いものすりおろし、梅干しをたたいたものとまぜる。ごはんにのせ、万能ねぎの小口切りを振る。

ポテトチップスの炊き込みごはん

作り方
市販のポテトチップスをこまかく砕き、洗って浸水させた米にのせ、水かげんをして炊く。炊き上がったら、いり白ごまを振ってさっくりとまぜる。

4章

和定食と和べんとう

献立

立を決めるのが苦手、という人は、お店で料理を注文するように考えるといい。肉料理を頼んだら、野菜も食べたい。こっちが揚げ物だから、もう1品はさっぱりとサラダに、と、自然にバランスを考えているはずだから。ごはんとみそ汁、鮭の塩焼きに、青菜のおひたし。和食っていいなぁ、と、つくづく思う。毎日作っている僕が言うのだから、まちがいない。

「和定食」

僕は、旅館の朝ごはんのような食事が大好き。炊きたてのごはんにみそ汁、肉か魚の主菜に、野菜の副菜。バランスもすばらしい和定食。どんぶりに、汁とお新香などを添えた献立も紹介する。

» ポークのトマト照り焼き

材料（2人分）
- 豚肩ロースまたはロース肉（ポークソテー用）…2枚
- トマト…1個
- かたくり粉…大さじ2
- A｜しょうゆ、みりん、水…各大さじ2
- 　｜砂糖…大さじ½
- サラダ油…大さじ1
- あらびき黒こしょう…少々
- 青じそ…5枚
- 大根おろし…大さじ4

作り方

1. トマトはへたをとり、一口大に切る。青じそはせん切りにし、さっと水で洗い、水けをふく。**A**はまぜ合わせる。

2. 豚肉はかたくり粉を全体にまぶし、余分な粉ははたく。フライパンにサラダ油を熱し、豚肉を中火で3分ほど焼く。こんがりとした焼き目がついたら返し、さらに3分ほど焼く。

3. 肉に火が通ったら弱火にし、**A**、トマトを加え、フライパンを揺すりながら全体にからめる。

4. 汁けが半量くらいになってとろみがついたら、肉を食べやすい大きさに切って器に盛る。青じそをのせ、黒こしょうを振り、大根おろしを添える。

肉にかたくり粉をまぶしておくと、肉汁がとじ込められてジューシーに焼き上がり、調味料もからみやすい。脂が出てきたら、キッチンペーパーでふきとると、味つけのじゃまをしない。

» アスパラの梅おかかあえ

材料（2人分）
- グリーンアスパラガス…4本
- 梅干し…1個
- A｜しょうゆ、みりん、ごま油…各小さじ1
- 削り節…3g

作り方

1. 梅干しは種をとって包丁でたたき、**A**とまぜ合わせる。

2. アスパラガスは根元のかたい部分を切り落として乱切りにし、耐熱皿に重ならないように並べ、水少々を振りかける。ラップをふんわりとかけ、電子レンジ（500W）で1分加熱する。

3. **2**に**1**をかけてあえる。器に盛り、削り節を振る。

アスパラはレンジで加熱すると、水っぽくならず、湯を沸かす手間も省ける。

» あさりと三つ葉のお吸い物

材料（2人分）
- あさり（殻つき）…100g
- 三つ葉…3本
- こぶ（だし用）…3g
- A｜水…2カップ
- 　｜酒…大さじ2
- 　｜薄口しょうゆ…小さじ1

作り方

1. あさりは砂出ししてあるものでも、もう一度砂出しする。海水程度の塩水（水2カップに塩大さじ1）に重ならないように入れ、アルミホイルをかけて、できれば20〜25分おく。

2. 三つ葉は1cm長さに切る。

3. あさりの殻と殻をこすり合わせて洗い、なべに入れ、**A**、こぶを加えて中火にかける。煮立ったら弱火にし、あさりの口があくまで煮る。アクが出たらとり、三つ葉を加えてさっと火を通す。

あさりからうまみが出るので、だしは不要。煮立ったときに出る白いアクは、えぐみのもとなので、手早くていねいにとり除こう。

» ごはん

ポークの
トマト照り焼き定食

がっつり食べたいときは
おすすめのメニュー。
主菜の肉料理は、甘辛い味に
トマトの酸味とうまみも加えて
食べごたえのある味に。
副菜の野菜は電子レンジ加熱だから、
つきっきりでなくても作れてラク。

何度食べても飽きることがなく、
いつ食べても満足度の高い組み合わせ。
魚は塩を振ってしばらくおくと、
余分な水分やくさみがとれて
おいしくなる。

ぶりの塩焼き定食

» ぶりの塩焼き

材料(2人分)
ぶり…2切れ
塩…適量
大根おろし…適量
すだち…1個
しょうゆ…適量

作り方

1. ぶりはまんべんなく塩を振り、20分ほどおく。出てきた水分をキッチンペーパーなどでふく。

2. フライパンを熱してぶりを入れ、盛りつけたときに上になる面から中火で焼く。焼き色がついたら返し、弱火にして、出てきた油をキッチンペーパーでふきとる。もう片面も色よく焼く。

3. 器に盛り、大根おろしを添え、しょうゆをかける。すだちを半分に切って添える。

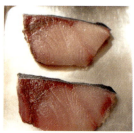

塩を振ってしばらくおき、出てきた水けをしっかりふきとる。これで余分な水分が抜け、くさみもなくなる。

「和定食」

≫ ほうれんそうのごまあえ

材料（2人分）
ほうれんそう … 1束
塩 … 少々
A｜ だし … ½カップ
　｜ しょうゆ、みりん … 各小さじ2
B｜ すり白ごま … 大さじ2
　｜ しょうゆ、砂糖 … 各大さじ1

作り方

1. ほうれんそうは、塩を加えた熱湯に根元のほうから入れ、ひと呼吸おいて葉の部分も入れ、ゆでる。氷水にとり、冷めたらざるに上げる。
2. なべにAを入れてひと煮立ちさせ、冷ます。
3. 1の水けをしぼって2につけ、最低10分、時間があれば1時間ほどおく。汁けをしぼり、3cm長さに切る。
4. Bをまぜ合わせ、3を加えてあえる。

だしにつけて、汁けをしぼってからあえると、仕上がりが水っぽくならない。これを「だし洗い」という。

≫ なめこのみそ汁

材料（2人分）
なめこ … ½袋
木綿どうふ … ½丁（150g）
ねぎ … ⅓本
だし … 3カップ
みそ … 大さじ2½

作り方

1. なめこは熱湯でさっとゆで、水洗いをしてぬめりをとる。とうふは食べやすい大きさに切る。ねぎは小口切りにする。
2. なべにだしを入れて火にかけ、煮立ったらみそをとき入れる。1を加え、煮立てないように弱火であたためる。

具は火が通りやすいものばかりなので、みそをとき入れたあとに汁に加える。みその風味がとばないように、弱火であたためて火を止める。

≫ ごはん

じゃがいもの ごまきんぴら

材料（2人分）
じゃがいも（メークイン）…2個
すり白ごま…大さじ2
A | 酒…大さじ3
  | しょうゆ…大さじ2
  | 砂糖…大さじ1
一味とうがらし…少々

作り方
1. じゃがいもはマッチ棒より少し太いくらいの細切りにし、さっと洗う。Aはまぜ合わせる。
2. 鶏肉を焼いたフライパンに、じゃがいもを入れ、中火でいためる（この料理だけを作る場合は、ごま油大さじ1でいためる）。
3. じゃがいもが少ししんなりとしたら、A、ごまを加え、強火でいためながらからめる。器に盛り、一味とうがらしを振る。

もずくと とうふのみそ汁

材料（2人分）
もずく（生）…50g
木綿どうふ…100g
だし…2カップ
みそ…大さじ1½〜2
万能ねぎの小口切り…適量

作り方
1. もずくはさっと洗い、食べやすい長さに切る。とうふは1cm角に切る。
2. なべにだしを入れて火にかける。煮立ったら、みそをとき入れ、もずく、とうふを加え、火を弱めてあたためる。器に盛り、万能ねぎを散らす。

ごはん

鶏肉のパリパリ焼き

材料（2人分）
鶏もも肉…1枚（250g）
ねぎ…½本
A | 大根おろし…大さじ4
  | 塩…小さじ⅓
  | ごま油…小さじ1
  | あらびき黒こしょう…少々
塩…少々
サラダ油…大さじ1
レモン…¼個
レタス…¼個

作り方
1. ねぎはみじん切りにし、Aとまぜ合わせる。
2. 鶏肉は全体に塩を振る。フライパンにサラダ油を熱し、鶏肉を皮目を下にして入れ、中火で焼く。フライ返しなどでしっかりと押しつけるようにして、7〜8分じっくりと焼く。
3. 皮がパリパリになったら返し、肉の面を3〜4分焼いて火を通す。食べやすく切って器に盛り、レタス、1、レモンを添える。

鶏肉の パリパリ焼き定食

主菜の鶏肉はさっぱり塩味、副菜には甘辛しょうゆ味、ときたので、汁物は迷わずみそ汁。鶏肉を焼いたフライパンをそのまま きんぴらに使うと、フライパンを洗う手間が省けるし、肉のうまみでおいしくもなる。

豚肉のトマトしょうが焼きどん定食

「和定食」

しょうが焼きにトマトを加えるのは、僕の得意ワザ。酸味と甘みが加わって、おいしくなるんだよね。
ボリュームのあるみそ汁と、マイルドな辛みの漬け物を添えて、和なんだけど、ちょっとハイカラなどんぶり献立に。

≫ 豚肉のトマトしょうが焼きどん

材料（2人分）
豚こまぎれ肉 … 150g
玉ねぎ … ¼個
トマト … 1個
キャベツ … ⅙個
卵 … 2個
あらびき黒こしょう … 少々
塩 … 少々
サラダ油 … 大さじ2
A │ 酒、しょうゆ、みりん
　　　… 各大さじ2
　│ 砂糖 … 小さじ1
　│ しょうがのすりおろし
　　　… 小さじ1
ごはん … どんぶり2杯分

作り方
1. 玉ねぎは薄切りにし、トマトはくし形切りにする。キャベツはせん切りにする。
2. フライパンにサラダ油大さじ1を熱し、豚肉を中火でいためる。両面にこんがりと焼き目がついたら、玉ねぎ、トマトを加えていため合わせる。
3. 玉ねぎがしんなりしたら、Aをまぜ合わせて加え、黒こしょうも加えて、いためながらからめる。
4. 別のフライパンにサラダ油大さじ1を熱し、卵を割り入れ、塩を振る。水少々を加え、ふたをして好みのかげんに火を通す。
5. 器にあたたかいごはんを盛り、キャベツ、3、4を順にのせる。

≫ あさりとベーコンの赤だし

材料（2人分）
あさり（殻つき）… 200g
ベーコン … 3枚
ねぎ …… ½本
貝割れ菜 … 適量
A │ 水 … 2½カップ
　│ 酒 … ½カップ
　│ こぶ（だし用）… 3g
塩 … 適量
赤みそ … 大さじ3

作り方
1. あさりは塩水につけてしばらくおき、砂出しする。殻と殻をこすり合わせて洗う。ベーコンは2cm幅に切り、ねぎは斜め薄切りにする。貝割れ菜は根元を切り落とす。
2. なべにあさり、ベーコン、ねぎ、Aを入れて火にかけ、煮立ったらアクをとり、弱火にする。あさりの口があいたら、みそをとき入れ、器に盛り、貝割れ菜を添える。

≫ 白菜のからし漬け

材料（2人分）
白菜 … ¼個
A │ 砂糖 … 60g
　│ 粉がらし … 15g
　│ あら塩 … 15g
　│ 酢 … 40mℓ
　│ みりん … 大さじ1

作り方
1. 白菜は5cm長さに切り、繊維に沿って細切りにする。
2. ボウルに1、Aを入れ、手でまぜて全体をなじませる。冷蔵庫に入れ、半日以上おく。
＊冷蔵で約7日間保存できる。

主菜が魚料理で少しボリュームが心配なとき、僕がよく使うのは、副菜や汁でたんぱく質を補う、という方法。こんな自分なりのルールを決めておくと、献立も立てやすい。
ここでは、あえ物に納豆、スープに卵を加えてみた。

かじきのごまじょうゆ焼き定食

» わかめ納豆あえ

材料（2人分）
納豆 … 2パック（100g）
わかめ（塩蔵）… 50g
ねぎ … 1/3本
A｜しょうゆ、ごま油、みりん
　　…各大さじ1
一味とうがらし … 少々

作り方
1　わかめは水洗いしてもどし、食べやすく切る。ねぎは小口切りにする。Aはまぜ合わせる。
2　納豆はまぜて粘りを出し、しばらくおく。わかめ、ねぎ、Aを加え、よくまぜる。器に盛り、一味とうがらしを振る。

» トマトと卵のスープ

材料（2人分）
トマト … 1個
卵 … 1個
水どきかたくり粉 … 大さじ2
A｜だし … 2カップ
　　薄口しょうゆ、酒 … 各小さじ4
あらびき黒こしょう … 少々

作り方
1　トマトはへたをとり、8つのくし形に切る。卵は割りほぐす。
2　なべにA、トマトを入れて火にかける。煮立ったら、水どきかたくり粉を加え、軽くとろみをつける。
3　卵を静かに回し入れ、ふんわりと浮き上がったら火を止める。器に盛り、黒こしょうを振る。

» ごはん

» かじきのごまじょうゆ焼き

材料（2人分）
かじき … 2切れ
小松菜 … 1束
かたくり粉 … 大さじ2
A｜しょうゆ、みりん、酒
　　…各大さじ2
　　砂糖 … 大さじ1
　　すり白ごま … 大さじ1
サラダ油 … 大さじ2
すり白ごま … 少々

作り方
1　小松菜は根元を切り落とし、食べやすい長さに切る。Aはまぜ合わせる。
2　かじきはかたくり粉をまぶし、余分な粉ははたく。フライパンにサラダ油を熱し、かじきを入れる。焼き目がついたら返し、あいたところに小松菜を入れていためる。
3　かじきの両面がこんがりと色よく焼けたら、Aを加える。フライパンを揺すりながらからめ、たれが半量くらいになったら火を止める。器に盛り、ごまを振る。

さばのしょうが
マヨネーズ焼き定食

和定食

魚料理はむずかしそう……という先入観を払拭したくて、このマヨ焼きを考えた。塗って焼くだけだから、簡単でしょ!? 主菜がこってり味だから、副菜にはさっぱりとした酢の物。パズルを埋める感覚で、こんなふうに献立を考えると楽しめる。

≫ さばのしょうがマヨネーズ焼き

材料（2人分）
さば … 2切れ
塩 … 少々
A | マヨネーズ … 大さじ3
　| しょうがのすりおろし
　| 　… 大さじ1
　| しょうゆ … 小さじ1
　| 万能ねぎの小口切り
　| 　… 大さじ1
ミニトマト … 4個

作り方
1. さばは両面に塩を振る。Aはまぜ合わせる。
2. 魚焼きグリルをよく熱し、さばを皮目から強火で焼く。こんがりと焼き目がついたら返し、もう片面も焼き目がつくまで焼いて、火を通す。
3. 皮目にAを塗り、焼き色がつくまで、さらに焼く。器に盛り、ミニトマトを食べやすく切って添える。

≫ キャベツとしらすの酢の物

材料（2人分）
キャベツ … 1/4個
しらす … 20g
塩 … 小さじ1
A | だし … 大さじ3
　| 酢、しょうゆ、みりん
　| 　… 各大さじ1
いり白ごま … 少々

作り方
1. キャベツは一口大に切り、塩をまぶしてしばらくおき、水けをしぼる。
2. Aをまぜ合わせて1に加え、しらすも加えてあえる。器に盛り、ごまを振る。

≫ ベーコンと大根のみそ汁

材料（2人分）
ベーコン … 2枚
大根 … 100g
だし … 2カップ
みそ … 大さじ1½〜2
あらびき黒こしょう … 少々

作り方
1. 大根は太めのマッチ棒くらいに切る。ベーコンは3cm幅に切る。
2. なべにだし、大根を入れて弱火にかけ、大根がやわらかくなるまで煮る。
3. みそをとき入れ、ベーコンを加え、煮立てないように火を弱め、ベーコンに火を通す。器に盛り、黒こしょうを振る。

≫ ごはん

「和定食」

牛どん定食

某店の味を研究しつくした
僕のオリジナル。
牛肉を包丁の背でたたいてやわらかくし、
煮たあと冷まして味を含ませる。
スッとした香りの汁、
さっぱり味の野菜といっしょに食卓へ！

≫ とうふとみょうがのすまし汁

材料（2人分）
絹ごしどうふ…200g
みょうが…2個
A ｜ だし…3カップ
　　｜ 薄口しょうゆ、酒…各大さじ1
塩…少々

作り方
1　とうふは1cm角に切る。みょうがはみじん切りにする。
2　なべに**A**を入れて火にかけ、煮立ったら1を加えてあたため、塩で味をととのえる。

≫ 梅キャベツ

材料（2人分）
キャベツ…300g
青じそ…5枚
梅干し…2個
A ｜ あら塩、砂糖…各小さじ½
　　｜ 酢…小さじ1
いり白ごま…少々

作り方
1　キャベツは軸をそぎとり、葉は一口大に切り、軸は薄切りにする。青じそはみじん切りにする。梅干しは種をとり、包丁でたたいてペースト状にする。
2　ボウルに1、**A**を入れ、手でまぜ合わせ、冷蔵庫で3時間以上おく。食べるときに、ごまを振る。

≫ 牛どん〜笠原家〜

材料（2人分）
牛薄切り肉または切り落とし肉
（脂身多めのもの）…300g
玉ねぎ…1個
しょうが…5g
A ｜ こぶ（だし用）…3g
　　｜ 水…2カップ
　　｜ 砂糖、みりん…各大さじ2
　　｜ 薄口しょうゆ、しょうゆ
　　｜ 　…各大さじ2
　　｜ 白ワイン…大さじ2
ごはん…どんぶり2杯分
紅しょうが…適量
卵…2個

作り方
1　玉ねぎは薄切りに、しょうがはすりおろす。
2　なべに**A**、玉ねぎを入れて中火にかけ、煮立ったら弱火にして10分煮る。
3　牛肉は包丁の背でたたき、のばす。
4　2の玉ねぎがしんなりしたら、3、しょうがを加える。中火にして煮立たせ、アクをていねいにとり、弱火にしてさらに15分煮る。火を止め、そのまま冷ます。
5　あたたかいごはんを器に盛り、4を再び火にかけてあたため、煮汁ごとかける。紅しょうが、卵を添える。

ほたてサラダどん定食

> おやじの店『とり将』で名物メニューだった「ほたてサラダ」。どんぶりにしたら絶対おいしいだろうな、と思ってたけど、作ってみたら、やっぱりうまい！ シンプルな豚汁と、福神漬け風のなすを組み合わせて、女子ウケもする献立。

≫ 里いも豚汁

材料（2人分）
里いも … 4個
豚バラ薄切り肉 … 80g
だし … 3カップ
A│みそ … 大さじ3
　│みりん … 大さじ1
ねぎの小口切り … ⅓本分
一味とうがらし … 少々

作り方
1 里いもは一口大に切り、水からゆでて少しかために火を通し、ざるに上げる。
2 豚肉は一口大に切り、熱湯でさっとゆで、ざるに上げる。
3 なべにだし、1、2を入れて火にかけ、煮立ったら弱火で7～8分煮る。**A**をとき入れ、器に盛り、ねぎをのせ、一味とうがらしを振る。

≫ なすの福神漬け風

材料（作りやすい分量）
なす … 4個
しょうが … 15g
A│みりん、しょうゆ … 各¾カップ
　│砂糖 … 60g
　│酢 … 大さじ1
　│赤とうがらしの小口切り … 2本分

作り方
1 なすは1cm厚さの半月切りにする。しょうがはせん切りにする。
2 なべに**A**を入れて火にかけ、煮立ったら1を加えてまぜ、再び煮立ったら火を止める。少し冷めたらなすをとり出す。
3 2の煮汁を火にかけ、量が少し減るまで煮詰める。なすを戻し入れ、再度煮立ったら火を止めて冷ます。なすと煮汁の⅓量を保存容器に入れ、冷蔵庫で3時間以上おく。
＊冷蔵で約7日間保存できる。

≫ ほたてサラダどん

材料（2人分）
ほたて貝柱缶 … 小1缶（85g）
レタス … ½個
赤玉ねぎ … ¼個
きゅうり … ½本
ミニトマト … 4個
A│サラダ油 … 大さじ2
　│薄口しょうゆ、酢 … 各大さじ1
　│みりん … 大さじ½
ごはん … どんぶり2杯分
あらびき黒こしょう … 少々

作り方
1 レタスは一口大にちぎる。赤玉ねぎは薄切りにする。きゅうりはたたいて3～4cm長さに割る。
2 ボウルに1、**A**と、ほたてを缶汁ごと入れて手であえる。
3 あたたかいごはんを器に盛り、2をのせ、黒こしょうを振る。ミニトマトを半分に切って添える。

「汁、スープ」

玉ねぎと油揚げのみそ汁

定番コンビを、甘い白みそで。
粉ざんしょうが味を引き締める。

材料（2人分）
玉ねぎ … ½個
油揚げ … 1枚
三つ葉 … 3本
だし … 3カップ
白みそ … 大さじ4
薄口しょうゆ … 大さじ1
粉ざんしょう … 少々

作り方

1 玉ねぎは薄切りにし、油揚げは細切りにする。三つ葉は1cm長さに切る。

2 なべにだし、玉ねぎ、油揚げを入れて火にかけ、煮立ったら弱火にして5分ほど煮る。みそをとき入れ、薄口しょうゆを加えて3分ほど煮る。器に盛り、三つ葉を散らし、粉ざんしょうを振る。

笠原家の野菜スープ

おやじが店のつくねをゆでた汁で
作っていたスープ。野菜はあるものでいい。

材料（2人分）
玉ねぎ … ¼個
にんじん … ¼本
大根 … 50g
キャベツ … 50g
えのきだけ … ⅓袋
塩 … 適量
サラダ油 … 大さじ1

A 鶏だし（p.10参照）… 3カップ
薄口しょうゆ、酒 … 各大さじ1
あらびき黒こしょう … 少々

作り方

1 野菜は1cm角に切る。えのきだけは根元を落とし、1cm長さに切る。

2 フライパンにサラダ油を熱し、1を入れ、塩少々を振って弱火でじっくりいためる。

3 野菜の香りがしてきたらAを加え、弱火で10分ほど煮る。塩で味をととのえて器に盛り、黒こしょうを振る。

汁物が1品あるだけで、食事の満足感が増す。主菜が塩味ならみそ汁、みそ味なら、すまし汁やスープ。ほかのおかずとのバランスを考えて、汁の味と具を決める。

梅きゅうりの冷製とろろ汁

おろしたきゅうりで、とろろがさわやか! 飲み進めるほどに元気が出る味。

材料(2人分)
きゅうり …1本
山いも …100g
A | だし …2カップ
　| 薄口しょうゆ …大さじ2½
　| みりん …大さじ2
梅干し …2個

作り方
1. なべにAを入れて火にかけ、煮立ったら火を止め、冷ます。
2. きゅうり、山いもはすりおろして合わせ、1を少しずつ加えてのばし、冷やす。器に注ぎ、梅干しをのせる。

かす汁

まったりと濃厚な味わいの汁に、野菜がごろごろ。体が芯からあたたまる。

材料(2人分)
大根 …50g
にんじん …50g
里いも …2個
しいたけ …2個
野菜だし(p.10参照) …3カップ
白みそ …120g
酒かす …120g
ゆずの皮のせん切り …少々
一味とうがらし …少々

作り方
1. 大根、にんじん、里いもは食べやすい大きさに切り、水から入れて10分ほどゆでる。しいたけは軸を切り落とし、薄切りにする。
2. なべに1、野菜だしを入れ、中火にかける。野菜がやわらかくなったら、白みそ、酒かすを加えてとき、少し煮る。器に盛り、ゆずの皮をのせ、一味とうがらしを振る。

豚肉のくず打ち沢煮椀

かたくり粉をまぶしてゆでた豚肉と、せん切り野菜の組み合わせが心地よい食感。

材料(2人分)
豚バラ薄切り肉 …80g
ごぼう …30g
にんじん …30g
大根 …30g
しいたけ …2個
三つ葉 …4本
かたくり粉 …適量
A | だし …1½カップ
　| 酒 …大さじ1
　| 薄口しょうゆ …小さじ1
　| 塩 …少々
あらびき黒こしょう …少々

作り方
1. ごぼうは皮をこそげ、せん切りにする。にんじん、大根もせん切りにする。しいたけは軸を切り落として薄切りにする。
2. 豚肉は食べやすく切ってかたくり粉をまぶし、熱湯でゆでて火を通し、水けをきる。
3. なべにAを煮立て、1を加える。再び煮立ったら2を加え、三つ葉を2cm長さに切って加え、さっと煮る。器に盛り、黒こしょうを振る。

ほたてしんじょのお椀

貝柱を加えたしんじょに、すっきりかつ深い味の汁でぜいたくな味。

材料(2人分)
ほたて貝柱 …2個
白身魚のすり身 …50g
しいたけ …2個
煮切り酒 …大さじ1〜2
塩 …少々
かたくり粉 …適量
A | だし …1½カップ
　| 酒 …大さじ1
　| 薄口しょうゆ …小さじ1
　| 塩 …少々
三つ葉 …適量

作り方
1. ボウルにすり身を入れ、煮切り酒を少しずつ加えてのばし、なめらかにする。
2. ほたては一口大に切り、塩を振り、かたくり粉をまぶす。1に加えてまぜ、2等分して丸め、熱湯でゆでて中まで火を通し、とり出す。
3. なべにAを煮立て、しいたけは軸を切り落として加え、さっと煮る。
4. 器に2を入れて3を注ぎ、三つ葉を添える。

「汁、スープ」

なすとかぼちゃのみそ汁

野菜は大きさをそろえて切ると、見た目もきれい。

材料（2人分）
なす…½個
かぼちゃ…80g
玉ねぎ…¼個
だし…3カップ
みそ…大さじ2½

作り方
1 なす、玉ねぎは1cm角に、かぼちゃは種とわたをとって1cm角に切る。
2 なべにだし、1を入れ、弱火で野菜がやわらかくなるまで煮て、みそをとき入れる。

うの花汁

ダイエット食材としても人気のおからで、白みそ仕立て。

材料（2人分）
大根…30g
にんじん…30g
油揚げ…1枚
おから…30g
だし…1½カップ
白みそ…50g
酒…大さじ1
塩…少々

作り方
1 大根、にんじんは3cm長さの拍子木切りにする。油揚げは1cm幅に切る。
2 なべにだし、1を入れて火にかけ、野菜がやわらかくなるまで煮る。おから、白みそ、酒、塩を加えて調味する。

おかかとのりの簡単みそ汁

材料を器に入れて湯を注ぐだけ！ 焼きのりの香りがいい。

材料（2人分）
削り節…2g
焼きのり…全形½枚
万能ねぎ…1本
みそ…大さじ1

作り方
1 のりはちぎり、万能ねぎは小口切りにする。
2 器に削り節、みそ、1を等分して入れ、湯を1½カップずつ注ぐ。

ごま豚汁

香ばしいごまを加えた変わり豚汁。かたまり肉を使うと美味。

材料（2人分）
豚バラかたまり肉…100g
大根…50g
しいたけ…2個
玉ねぎ…¼個
だし…3カップ
みそ…大さじ2½
すり白ごま…大さじ2
ごま油…大さじ1
貝割れ菜…適量
一味とうがらし…少々

作り方
1 豚肉は1cm厚さに切る。大根はいちょう切りにし、しいたけは軸を切り落として薄切りに、玉ねぎも薄切りにする。
2 なべにごま油を熱し、1をいためる。肉の色が変わったら、だしを加え、弱火で大根がやわらかくなるまで煮る。
3 みそをとき入れ、ごまを加える。器に盛り、貝割れ菜を刻んで散らし、一味とうがらしを振る。

じゃがバタコーンのみそ汁

みそラーメンをヒントに、北海道の名産つながりで、じゃがいもも。

材料(2人分)
- じゃがいも…1個
- とうもろこし…½本
- バター…20g
- だし…3カップ
- みそ…大さじ2½
- あらびき黒こしょう…少々

作り方
1. じゃがいもは乱切りにする。とうもろこしは実をはずす。
2. なべにバターをとかし、1をいためる。香りが立ったら、だしを加え、弱火で煮る。
3. じゃがいもがやわらかくなったら、みそをとき入れる。器に盛り、黒こしょうを振る。

トマト豚汁

トマトを加えてうまみが濃厚! ほんのり酸味がクセになる。

材料(2人分)
- 豚こまぎれ肉…50g
- トマト…1個
- ねぎ…¼本
- だし…1½カップ
- A │ みそ…大さじ1½
　 │ みりん…小さじ1

作り方
1. トマトはへたをとって一口大に切り、ねぎは斜め薄切りにする。
2. 豚肉は熱湯でさっとゆでる。
3. なべにだし、1を入れて火にかける。煮立ったら2を加え、さっと煮てAで調味する。

鶏肉と白菜の豆乳みそ汁

肉メインの主役級汁。豆乳を加えたら煮立てないのがお約束。

材料(2人分)
- 鶏もも肉…100g
- 白菜…2枚
- 三つ葉…3本
- だし…2½カップ
- みそ…大さじ2½
- 豆乳…大さじ4

作り方
1. 鶏肉は一口大に切る。白菜は5cm長さの細切りにし、三つ葉は茎だけをみじん切りにする。
2. なべにだし、鶏肉、白菜を入れて中火で煮る。肉に火が通ったら、みそをとき入れ、火を弱めて豆乳を加え、煮立てないようにあたためる。
3. 器に盛って三つ葉を散らし、好みで一味とうがらしを振る。

いろいろ野菜のすり流し

野菜のうまみがぎっしりの、やさしい味の和風ポタージュ。

材料(2人分)
- 玉ねぎ…50g
- にんじん…30g
- じゃがいも…50g
- しいたけ…1個
- キャベツ…50g
- ベーコン…1枚
- サラダ油…大さじ1
- 塩…小さじ½
- A │ だし…2カップ
　 │ 薄口しょうゆ、酒…各小さじ1

作り方
1. 野菜はすべて薄切りにし、ベーコンは1cm幅に切る。
2. なべにサラダ油を熱し、1を入れ、塩を振っていためる。香りが立ったらAを加え、弱火にして野菜がやわらかくなるまで煮る。
3. 2を冷まし、あら熱がとれたらミキサーでかくはんしてなめらかにする。好みで、あたためても。

「和べんとう」

ギューギューに詰まったごはんに、おかずをドーンとのっけた、いわゆるドカべんが好き。おかずの味がごはんにしみ込んだりするのも、おべんとうならではの楽しみだったりする。

≫ 鶏もも肉の照り焼き

材料（1人分）
- 鶏もも肉 … 150g
- A
  - しょうゆ、酒 … 各大さじ1
  - みりん … 大さじ2
- サラダ油 … 少々
- 粉ざんしょう … 少々

作り方
1. 鶏肉は余分な脂と筋をとる。Aはまぜ合わせる。
2. フライパンにサラダ油を熱し、鶏肉を皮目を下にして入れる。焼き色がついたら返し、身のほうも焼いて中まで火を通す。
3. キッチンペーパーで余分な脂をふき、Aを加えて焼きながらからめる。一口大に切り、粉ざんしょうを振る。

≫ 卵焼き

材料（1人分）
- 卵 … 1個
- A
  - だし … 20㎖
  - しょうゆ … 小さじ½
  - 砂糖 … 小さじ2
- サラダ油 … 適量

作り方
1. ボウルに卵を割りほぐし、Aを加えてまぜる。
2. 小さいフライパンにサラダ油を熱し、1を一気に流し入れ、半熟になったら小判形にまとめ、中まで火を通す。

≫ ししとうの塩焼き

材料（1人分）
- ししとうがらし … 3本
- 塩 … 少々
- サラダ油 … 少々

作り方
1. ししとうは縦に1本、切り目を入れる。
2. フライパンにサラダ油を熱し、1を焼く。しんなりとしたら、塩を振る。

≫ ごはん（焼きのりをちぎってのせる）

≫ しば漬け　 ≫ こぶのつくだ煮（いり白ごまを振る）

※「調理時間」は、効率よく作ったときの調理にかかる時間の目安です。野菜を洗う、切る、下味をつける、乾物をもどす、ごはんを炊くなどの時間は含まれません。

笠原流 べんとう作りのオキテ！

1　味つけはいつもよりやや濃いめ

おべんとうは冷めてから食べるもの。なので、味つけはふだんのおかずより、少しだけ濃いめにするといい。そうすれば、冷めてもおいしいから。濃いめの味にすると、腐敗防止にもなる。さらに、白いごはんがモリモリ食べられる、というメリットもある！

2　汁もれ対策は万全に

"べんとうでは味移りもおいしさのうち"と、僕は考えている。でも、汁もれ対策は必須。かばんの中が汁まみれ……なんてことになったら、悲劇以外の何ものでもないから。汁もれを防ぐには、①汁けがなくなるまで調味料をしっかり煮からめる。②汁けをしっかりきってから詰める。③汁けを吸う食材、たとえば、天かす、削り節などを加える。この3つを徹底せよ！

3　脂身の少ない部位を使う

豚肉でも牛肉でも、脂身の少ないものが、おべんとうには向いていると思う。脂身は冷めると、固まっておいしくないから。脂の部分がおいしい豚バラ肉なんかも、おべんとうのときは極力がまん。豚肉ならもも肉やロース肉、牛肉も赤身肉を使うことをおすすめしたい。

4　食べやすいサイズに

ごはんの上に鮭がドカンとのっけたような、豪快なおべんとうが、個人的には大好き。とはいえ、食べる人のことを考えると、基本的には肉も魚も野菜も、食べやすい大きさに切ってほしい。だって、おべんとう＝愛だから。食べやすいサイズとは、だいたい一口で食べられる大きさ。長さでいうと3～4㎝。これが大事。

！　最後に、忘れてはいけないこと。おかずは冷ましてから詰めるのが鉄則!!

【調理時間】
25分

鶏もも肉の 照り焼きべんとう

鳥料理屋さんの焼き鳥重を
イメージして作ったおべんとう。
だから、ごはんの上に、焼きのりは欠かせない。
ししとうと卵焼きを添えれば、彩りも完ぺき。
ししとうは鶏肉を焼いている横で焼けば、
いっぺんに2品仕上がる。

「和べんとう」

【調理時間】20分

豚肉のしょうが焼きべんとう

とんカツ用の肉で、しょうが焼きを作る。
何枚も焼かなくていいから手間が省けるし、
なにより、満足感がぜんぜん違う。
副菜は、和風マヨネーズ味のポテサラ。
これ、しょうが焼きを食べると
決まってほしくなるんだよね。

» 黒ごまポテトサラダ

材料（1人分）
じゃがいも … 1個
万能ねぎ … 2本
塩 … 少々
A｜マヨネーズ … 大さじ2
　｜すり黒ごま … 大さじ1
　｜あらびき黒こしょう … 少々

作り方
1. じゃがいもは一口大に切り、塩を加えた水に入れ、ゆでる。
2. じゃがいもがやわらかくなったら水けをきり、万能ねぎを小口切りにして加え、Aであえる。

» ちくわん

材料（1人分）
ちくわ … 1本
たくあん … 30g

作り方
たくあんは適当な大きさに切り、ちくわに詰め、食べやすい大きさに切る。

» ごはん
» しば漬け

» 豚肉のしょうが焼き

材料（1人分）
豚肩ロース肉（とんカツ用）… 1枚
A｜酒、みりん、しょうゆ
　｜　… 各大さじ1
　｜砂糖 … 小さじ½
　｜しょうがのすりおろし … 小さじ½
サラダ油 … 適量

作り方
1. 豚肉は筋切りをする。Aはまぜ合わせる。
2. フライパンにサラダ油を熱し、豚肉の両面をこんがりと焼く。Aを加えて焼きながらからめ、食べやすく切る。

厚切り肉は火が通るのに時間がかかるので、調味料をつけてから焼くと焦げてしまう。なので、まずはそのまま焼いて、焼き色がついてから、調味料をからめる。

ひき肉に同量のとうふを加えると、
ふわふわのハンバーグになる。
ヘルシーなのも魅力だ。
味のバランスを考えて、副菜は塩味に。
青のりと塩をかけた
ポテチ風のさつまいもと、
白菜の即席漬けで決まり。

【調理時間】30分

とうふハンバーグべんとう

≫ ゆかり白菜

材料（1人分）
白菜…100g
ゆかり…小さじ1
塩…少々

作り方
1 白菜は5cm長さに切り、繊維に沿って細く切る。塩を振ってもみ、水けをしっかりとしぼる。
2 1をゆかりであえる。

≫ さつまいも のり塩フライ

材料（1人分）
さつまいも…½本
青のり…大さじ1
塩…少々
サラダ油…適量

作り方
1 さつまいもは1cm角の棒状に切る。
2 フライパンにサラダ油を多めに熱し、1をいため揚げにする。油をよくきり、青のり、塩を振る。

≫ とうふハンバーグ

材料（1人分）
鶏ひき肉…100g
木綿どうふ…100g
A ねぎのみじん切り…⅓本分
　しょうがのすりおろし…小さじ½
　かたくり粉…大さじ1
　とき卵…½個分
　塩…小さじ½
　あらびき黒こしょう…少々
B みりん…大さじ2
　酒、しょうゆ…各大さじ1
サラダ油…適量

作り方
1 とうふはキッチンペーパーで包み、皿などで重しをして20〜30分おき、しっかりと水きりする。
2 ボウルにひき肉、1、Aを入れ、ねりまぜる。
3 フライパンにサラダ油を引き、2を形づくって入れ、弱火にかける。両面を焼き、中までじっくりと火を通す。
4 火を少し強めて焼き色をつけ、Bを加えて焼きながらからめる。

≫ ごはん
（梅干しをのせ、いり黒ごまを振る）

「和べんとう」

【調理時間】10分

すき焼きべんとう

> すき焼きは、おべんとうにしても、
> もちろんウマイ。
> なぜなら、濃いめの甘辛味は、
> まちがいなくごはんに合うから。
> むずかしい工程もいらないし、
> 肉と野菜を一度に調理できるし、
> 言うことなしだね。

≫ すき焼き

材料（1人分）
牛肉（すき焼き用）…100g
厚揚げ…⅓枚
玉ねぎ…¼個
しいたけ…2個
春菊…¼束
A │ 水…¾カップ
　│ 酒…¼カップ
　│ しょうゆ…大さじ2
　│ 砂糖…大さじ1½

作り方
1 厚揚げは一口大に切り、玉ねぎは薄切りにし、しいたけは軸を切り落とす。春菊は葉をつむ（茎はみそ汁などに使う）。
2 なべにAを入れて火にかけ、煮立ったら牛肉を入れる。出てきたアクをしっかりとり、1を加えてよく煮からめる。

≫ ごはん
≫ 温泉卵（市販）
≫ 紅しょうが

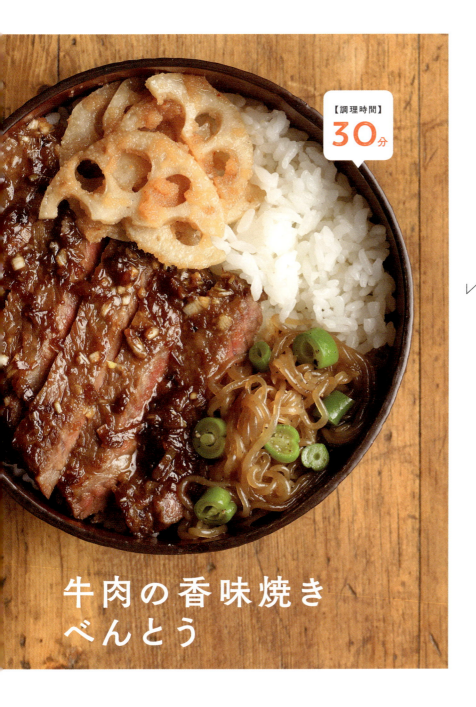

牛肉の香味焼きべんとう

【調理時間】30分

ここぞ！という日のステーキべんとう。
香味野菜たっぷりの調味液につけ込み、
しっかり味に仕上げた。
ツルツルのしらたき、
シャキシャキのれんこんを副菜にして、
味と食感にメリハリをつけよう。

» 牛肉の香味焼き

材料（1人分）
牛肉（ステーキ用）…150g
A｜ねぎのみじん切り…大さじ1
　｜みょうがのみじん切り…大さじ1
　｜しょうがのすりおろし…小さじ½
　｜酒、しょうゆ、みりん…各大さじ1
サラダ油……適量

作り方
1 Aをまぜ合わせ、牛肉をつけて20分ほどおく。
2 フライパンにサラダ油を熱し、1の両面を中火でこんがりと焼く。つけ汁を加えて全体にからめ、食べやすく切る。

» しらたきの黒こしょういため

材料（1人分）
しらたき…1パック
さやいんげん…少々
A｜しょうゆ、酒…各大さじ1
　｜あらびき黒こしょう、砂糖…各小さじ½
サラダ油…適量

作り方
1 いんげんは小口切りにする。しらたきは食べやすく切る。Aはまぜ合わせる。
2 しらたき、いんげんをさっとゆでる。
3 フライパンにサラダ油を熱して2をいため、Aで調味する。

» れんこんの明太あえ

材料（1人分）
れんこん…50g
からし明太子…20g
ごま油、しょうゆ…各小さじ1

作り方
1 れんこんは半月切りにし、熱湯でさっとゆで、水けをきる。
2 明太子は薄皮を除いてほぐし、ごま油、しょうゆを加えてまぜ、1を加えてあえる。

» ごはん

「竜田揚げ」「揚げびたし」「天ぷら」と揚げ物3種でも、味わいに変化をつければ食べ飽きる心配なし。同じ油で、梅干し、野菜、魚の順に揚げる。梅干し天ぷらは、ぜひ試してほしい！

【調理時間】**25分**

「和べんとう」

さばの竜田揚げべんとう

» アスパラとピーマンの揚げびたし

材料（1人分）
グリーンアスパラガス … 1本
ピーマン … 2個
A｜だし … 1カップ
　｜しょうゆ、みりん … 各20mℓ
揚げ油 … 適量

作り方
1. 小なべにAを入れて火にかけ、煮立ったら火を止めて冷ます。
2. アスパラガスは根元の皮をむき、食べやすく切る。ピーマンは種とへたをとり、一口大に切る。
3. 170度の揚げ油で2を揚げ、1につける。

» 梅干し天ぷら

材料（1人分）
梅干し … 2個
A｜水 … ¼カップ
　｜とき卵 … ½個分
　｜小麦粉 … 50g
揚げ油 … 適量

作り方
1. Aをまぜて衣を作る。
2. 揚げ油を170度に熱し、梅干しに1をつけて入れ、カラリと揚げる。

» ちりめんざんしょうおにぎり
» たくあん
» こぶのつくだ煮

» さばの竜田揚げ

材料（1人分）
さば … 1切れ
A｜しょうゆ、みりん
　｜　… 各大さじ1
　｜しょうがのすりおろし
　｜　… 小さじ½
かたくり粉 … 適量
揚げ油 … 適量

作り方
1. さばは骨を除いて一口大に切り、Aをからめて5分ほどおく。
2. 揚げ油を170度に熱し、1にかたくり粉をまぶして入れ、3〜4分揚げる。

さわらの
ごまだれ焼きべんとう

【調理時間】
25分

魚の照り焼きはごまを加えてコクを出し、シリシリは黒こしょうをきかせ、かまぼこは粉チーズで香りよく。いつもの味に少しずつアレンジを加えた"マンネリ解消べんとう"。

» にんじんシリシリ

材料（1人分）
にんじん…100g
A | 酒、しょうゆ…各大さじ1
　　| あらびき黒こしょう…少々
サラダ油…適量
いり白ごま…少々

作り方
1. にんじんはマッチ棒くらいの大きさに切る。**A**はまぜ合わせる。
2. フライパンにサラダ油を熱し、にんじんをいためる。しんなりしたら**A**を加えてからめ、ごまを振る。

» かまぼこの チーズピカタ

材料（1人分）
かまぼこ…30g
A | 卵…1個
　　| 粉チーズ…大さじ1
小麦粉…少々
サラダ油…適量

作り方
1. かまぼこは1cm厚さに切る。**A**はまぜ合わせる。
2. フライパンにサラダ油を熱し、かまぼこに小麦粉、**A**を順につけて入れ、こんがりと焼く。

» さわらのごまだれ焼き

材料（1人分）
さわら…1切れ
A | しょうゆ、みりん、酒…各大さじ1
　　| ねり白ごま…大さじ1
サラダ油…適量

作り方
1. **A**はまぜ合わせる。
2. フライパンにサラダ油を熱し、さわらを皮目から焼く。焼き目がついたら返し、両面をしっかりと焼く。
3. 余分な油をキッチンペーパーでふき、1を加え、全体にからめる。

» ごはん（青のりを振る）

» きゅうりの漬け物

火を使わない、即できべんとう。
のりだけ?!と思わせておいて、
実はのりの下に、大好物のごはんのお供。
僕の場合は、しらす、おかか、明太子、
しかも二段重ね！
のりは数枚に切ってのせると、
大きいままより食べやすい。

≫ のりべん

材料（1人分）
ごはん … 適量
焼きのり … 全形1枚
しらす干し … 10g
削り節 … 5g
からし明太子 … 20g
梅干し … 1個
たくあん … 2切れ
しょうゆ … 適量

作り方

1 のりは適当な大きさに切る。削り節はしょうゆ少々を加えてまぜる。明太子はほぐす。

2 べんとう箱にごはんの半量を、全体に広げて入れる。しらす、1の削り節、明太子の各半量をのせ、のりにしょうゆをつけて½枚分をかぶせる。

3 残りのごはんを2の上に広げてのせ、残りのしらす、削り節、明太子をのせ、しょうゆをつけたのりを重ねる。梅干し、たくあんを添える。

ごはんの上に、しょうゆをからめた削り節、しらす、明太子を、並べてのせる。

1段目と2段目の具の位置を変えてのせると、食べたときに変化があって楽しい。

【調理時間】10分

スペシャルのりべん

和べんとう

【調理時間】**10分**

かき揚げどんが食べたいけど、
朝から天ぷらを作るのは
ハードルが高い……。
そんな日のために考えたのが、これ。
揚げてないのに、揚げ玉のおかげで
それ風の味が楽しめる。

なんちゃってかき揚げどんべんとう

» なんちゃってかき揚げどん

材料（1人分）
玉ねぎ…¼個
にんじん…30g
さつまいも…50g
三つ葉…3本
桜えび…10g
揚げ玉…10g
A ┃ 水…大さじ3
　 ┃ しょうゆ、みりん…各大さじ1
　 ┃ 砂糖…小さじ1
サラダ油…大さじ1
ごはん…適量

作り方

1. 玉ねぎは薄切りにする。にんじん、さつまいもは細切りにし、三つ葉は3cm長さに切る。
2. フライパンにサラダ油を熱し、1をいためる。さつまいもに火が通ったら、**A**、桜えびを加え、いため煮にする。
3. べんとう箱にごはんを詰め、2をのせ、揚げ玉を振る。

» 梅干し

笠原流 おべんとうの詰め方

せっかく作るおべんとうだから、持ち歩いてもくずれないように、すき間なくきっちり詰めたい。
「とうふハンバーグべんとう」（p.103参照）を例に、僕なりの詰め方を紹介するので参考にしてほしい。

詰め方 1 ごはんを詰める

ごはんは冷めると詰めにくいので、あたたかいうちに詰めて、冷ます。軽く押しながら詰めるといい。量の目安は、おべんとう箱の½量くらい。好みだが、この量だとおかずとのバランスがいい。

詰め方 2 副菜で上げ底

おべんとう箱が深い場合は、主菜が沈んでしまわないように、副菜を主菜の下に詰めて底上げする。その日の副菜なんでもOKだが、キャベツのせん切りのようなものが好ましい。このおべんとうの場合は「さつまいものフライ」を。おかずは冷ましてから詰めるのが鉄則。

詰め方 3 主菜を詰める

主菜は場所をとるので、優先的に詰める。ものによっては、食べやすい大きさに切ってから。2で副菜を底に入れた場合は、その上に主菜をのせる。卵焼きなど形が決まっている副菜は、主菜より先に詰めたほうがいい場合もある。そのときは、おべんとう箱の角にピシッと合わせ、なるべくすき間ができないようにする。

詰め方 4 副菜を詰める

あいているところに副菜を、形が決まっているものから詰める。この場合なら「さつまいものフライ」を先に詰め、形が自由になる「ゆかり白菜」は最後に、すき間をうめるように詰める。すき間があるとおかずが動いてくずれたり、汁もれの原因にもなりかねないので要注意。

詰め方 5 仕上げ

おべんとう全体を見て、色みが足りないかも……というときは、好みでごはんにふりかけをかけるなどして、華やかにする。写真のおべんとうは、茶色、黄色、緑色のおかずが入っているので、梅干しの赤とごまの黒で、全体の色を引き締めた。

5章

作りおき おかずと 漬け物

もちするおかずは多めに作って、今日だけじゃなく何日かじっくり楽しみたい。作りおきが1品でもあれば、食事の支度はかなり気がラク。おべんとうにも入れられるし、味がなじんでおいしくなる、といううれしい変化も味わえる。簡単な手作り漬け物にも、ぜひ挑戦してみてほしい。

甘じょっぱくてジューシーな手羽先は、
子どもも大好き。
大人には、冷えたビールの
おつまみとしても最高！
大きめの皿にドーンと盛って、
みんなで豪快にかぶりつこう。

材料（3〜4人分）
鶏手羽先 … 10本
A｜酒 … 大さじ2
　｜塩 … 小さじ½
B｜酒、しょうゆ、みりん … 各大さじ4
　｜酢 … 大さじ2
　｜砂糖 … 大さじ1
　｜しょうがのすりおろし … 小さじ1
　｜にんにくのすりおろし … 小さじ1
かたくり粉 … 適量
あらびき黒こしょう … 少々
いり白ごま … 大さじ1
揚げ油 … 適量

作り方
1. 手羽先はフォークで全体に穴をあけ、Aをもみ込んで5分おく。汁けをふいてかたくり粉をまぶし、170度に熱した揚げ油で4〜5分カリッと揚げる。
2. フライパンにBを入れて火にかけ、少しとろみがつくまで煮詰め、1を加えて煮からめる。黒こしょう、ごまを振る。

「作りおきおかず」

特売の魚や肉を、漬けたり煮たり、乾物や野菜で常備菜を作ったり。時間があるときに仕込んでおけば、帰りが遅くなった日や、疲れてなにもしたくない日も、ちゃんとごはんが食べられる。

手羽の甘辛だれ

【保存】
冷蔵
約5日

銀だらの西京焼き

みそにつけた状態で

【保存】
冷蔵
約**5**日

【保存】
冷凍
約**2**週間

> 西京焼きといえば、おやじが
> お客さんに頼まれて焼いていたのを
> 思い出す。僕も、おべんとうに
> 入れてもらったりしていたな。
> 香ばしく焼けた脂ののった身は、
> つまみにも、もってこいな味。

材料（作りやすい分量）
銀だら…6切れ
塩…少々
A｜みそ…100g
　｜酒、砂糖…各40g
すだち…3個

作り方

1　銀だらは塩を振り、キッチンペーパーにのせて30分ほどおく。水けをしっかりとふく。

2　**A**をよくまぜ合わせ、**1**の表面に塗りつけてバットに並べ、ラップをかけて冷蔵庫で2日間おく。

3　みそをぬぐい、魚焼きグリルで焦がさないように両面を焼く。焦げそうな場合は、アルミホイルをかぶせる。器に盛り、すだちを添える。

「作りおきおかず」

えびシューマイ

ひき肉とえびで、ダブルのうまさ。
まとめて作って保存しておけば、
家でのごはんにはもちろん、
おべんとうのおかずとしても重宝する。
油で揚げて食べてもおいしい！

材料（20個分）
シューマイの皮 … 20枚
えび … 100g
豚ひき肉 … 200g
ねぎ … ½本
A | 酒 … 大さじ1
　| 砂糖 … 小さじ2
　| しょうゆ … 小さじ1
　| 塩、しょうがのすりおろし … 各小さじ½
　| かたくり粉 … 大さじ1

作り方

1. ねぎはみじん切りにし、えびは殻と背わたをとってみじん切りにする。
2. ボウルに1、ひき肉、Aを入れてねりまぜる。
3. シューマイの皮1枚に、2を大さじ1強ほどのせて包み、形をととのえる。
4. 蒸気の上がった蒸し器に3を並べ、強火で10分ほど蒸す。

【保存】冷蔵 約3日
【保存】冷凍 約3週間

煮豚と煮卵

【保存】冷蔵 約5日

調味料を加えて煮込んだあと、冷まして1日ぐらいおくと、おいしくなる。煮汁は鶏ガラスープでのばしてラーメンの汁にしたり、いため物の味つけにも使える。

材料（作りやすい分量）
豚肩ロースかたまり肉…2本（500g×2）
卵…8個
玉ねぎ…1個
しょうが…10g
こぶ（だし用）…5g
A │ 水…10カップ
　│ 酒…360㎖
B │ しょうゆ…1½カップ
　│ みりん…120㎖
　│ 砂糖…大さじ10
ねぎ…1本
ねりがらし…少々

作り方

1. 豚肉はフォークで刺して全体に穴をあけ、たこ糸で端からグルグルとしばる。フライパンで全体に焼き色がつくように焼く。玉ねぎは薄切りにし、しょうがはせん切りにする。

2. なべにA、1、こぶを入れて火にかけ、煮立ったらアクをとりながら30分煮る。Bを加えて弱火にし、さらに2時間煮る。そのまま冷まし、保存容器などに入れて、できれば冷蔵庫で1日おく。

3. 卵は室温にもどし、沸騰した湯に入れ、かきまぜながら6分ゆでる。冷水につけて冷まし、殻をむいて2の煮汁につける。

4. 食べるときは、固まった脂を除いて適当な大きさに切り、卵とともに器に盛る。ねぎを斜め薄切りにして水にさらし、水けをきって添え、からしも添える。

煮汁につけたまま、冷蔵庫で保存。冷やすと肉の脂が白く固まるので、食べる前にキッチンペーパーなどでとり除く。

胸肉は値段が手ごろだし、
しっとりとした味わいが僕は好き。
皮をはいで身と別々に揚げることで、
2つの味わいが楽しめる。
時間がたつほど肉に味がなじむので、
多めに作りおきしておくのもいい。

【保存】冷蔵 約5日

鶏胸南蛮

材料(3〜4人分)
鶏胸肉…2枚(250g×2)
玉ねぎ…1個
にんじん…80g
ピーマン…2個
赤とうがらし…2本
こぶ(だし用)…5g
塩、こしょう…各少々
小麦粉…適量
A │ 水…3カップ
　│ 酢…1½カップ
　│ 砂糖…大さじ6
　│ 薄口しょうゆ…大さじ3
　│ 塩…小さじ2
　│ レモン汁…1個分
揚げ油…適量

作り方

1 玉ねぎは薄切りにし、にんじん、ピーマンはせん切りにする。赤とうがらしはちぎって種を除く。

2 ボウルにAを入れてまぜ、1、こぶを加える。

3 鶏肉は皮をはいで一口大のそぎ切りにし、皮は一口大に切り、それぞれ塩、こしょうを振り、小麦粉をまぶす。

4 揚げ油を170度に熱し、3の身は3〜4分、皮はカリッとするまで揚げる。油をきり、熱いうちに2につけ、落としラップをして冷蔵庫で2時間以上おき、味をなじませる。

野菜とつけ汁をまぜ合わせ、最後にこぶを加えて作る南蛮だれ。これさえ覚えれば、豚肉や魚でも応用できる。

豚肉の にんにくはちみつ漬け

豚肉をじっくりゆでて、みそ床に漬けるだけ。いっしょに漬けたにんにくもおいしい。白いごはんにも合うけど、つまみとしても抜群！

材料（作りやすい分量）
豚バラかたまり肉…300g
にんにく…1個（50g）
A ┃ みそ…100g
　 ┃ 酒…大さじ2
　 ┃ はちみつ…¼カップ

作り方

1 にんにくは皮をむく。

2 なべに豚肉、にんにく、たっぷりの水を入れて火にかけ、弱火で肉がやわらかくなるまで、30分ほどでゆでる。

3 Aをまぜ合わせて保存容器または保存袋に入れ、2の豚肉とにんにくを、水けをふいて漬け、冷蔵庫で1日おく。

4 食べやすく切って器に盛り、みそ床のみそをかける。

みそにつけた状態で
【保存】冷蔵 約1週間

「作りおきおかず」

オイルサーディンのあじ版。酢と酒を加えた湯でゆでてから、玉ねぎやたかのつめとともにオイル漬けにする。わさびじょうゆや黒こしょうを振って食べてもいい。

【保存】冷蔵 約1週間

「作りおきおかず」

あじのオイル漬け

材料（作りやすい分量）
あじ（刺し身用）…3尾
玉ねぎ…½個
たかのつめ…2本
塩…小さじ2
A｜水…2カップ
　｜酢、酒…各大さじ2
サラダ油…1カップ

作り方

1 あじは三枚におろし、小骨をとり、塩を振って20分ほどおく。

2 なべにAを入れて火にかけ、煮立ったら1を入れ、弱火で30分ゆでる。とり出して、あら熱をとる。

3 玉ねぎは薄切りにし、たかのつめとともに保存容器に入れ、2を加え、サラダ油を注ぐ。冷蔵庫で一晩おいたら食べられる。

牛肉のつくだ煮

これはもう、まちがいなしの、ごはんのお供。
牛肉はまず、水と酒だけでふっくらと火を通す。
肉がじゅうぶんやわらかくなったところで調味料を加えると、
味がしっかり入って、かたくもなりにくい。

材料（作りやすい分量）
牛切り落とし肉……300g
しょうが……30g
A | 水…1½カップ
　 | 酒…½カップ
B | しょうゆ…大さじ3
　 | みりん…大さじ1
　 | 砂糖…大さじ½

作り方
1. しょうがはせん切りにする。
2. なべにA、牛肉、1を入れて火にかける。煮立ったら牛肉をほぐし、アクをていねいにとり、中火で煮汁が半量くらいになるまで煮る。
3. Bを加え、汁けがなくなるまで、さらに煮る。

【保存】冷蔵 約5日

ししゃもと切り干しの南蛮漬け

ししゃもといえばいつも焼くだけ、
切り干しは煮物ばっかり……それじゃ、おもしろくない！
まぜるだけの甘酢につければ、作りおきもOKな南蛮漬けに。
サラダ感覚でパクパク食べられる。

材料（作りやすい分量）
ししゃも…10尾
切り干し大根…40g
玉ねぎ…½個
赤とうがらし…2本
こぶ（だし用）…3g
A | 水…2カップ
　 | 酢…1カップ
　 | しょうゆ…大さじ2
　 | 砂糖…大さじ4
サラダ油…大さじ2

作り方
1. 切り干し大根は水でさっと洗い、たっぷりの水に10分ほどつけてもどし、水けをしっかりしぼる。玉ねぎは薄切りにする。赤とうがらしは種をとって小口切りにする。
2. 保存容器にAを入れてまぜ合わせ、1、こぶを加える。
3. フライパンにサラダ油を熱し、ししゃもの両面をカリッと焼いて、熱いうちに2につける。冷めたら冷蔵庫に入れ、3時間ほどおいて味をなじませる。

【保存】冷蔵 約5日

しっとり鶏ひきおから

栄養価も高くてヘルシーだと人気のおから。
だけど、パサついちゃってうまく作れない……という人は、
ぜひ、このレシピを覚えてほしい。
ちょっとしたことで、驚くほどしっとり仕上がるから。

材料（作りやすい分量）
おから…200g
鶏ひき肉…100g
しいたけ…4個
ごぼう…1/5本
にんじん…5cm
三つ葉…10本
塩…少々
A｜水…2カップ
　｜酒、しょうゆ、砂糖
　｜　…各大さじ3
サラダ油…大さじ4

作り方
1 しいたけは薄切りに、ごぼうはささがきにし、にんじんは2mm幅の細切りにする。三つ葉は1cm長さに切る。Aはまぜる。
2 フライパンにサラダ油を熱し、しいたけ、ごぼう、にんじんを入れ、塩を振っていためる。ひき肉を加えて火を通し、おからを加え、油がなじむまでよくいためる。
3 Aを加え、ときどきまぜながら、煮汁がほとんどなくなるまで煮る。三つ葉を加え、ひとまぜする。

おからを加えたあと、しっかりといためてから煮汁を加えることで、うまみをたっぷり含み、しっとりとした口当たりに。

【保存】冷蔵 約5日

ゆで卵の酢みそ漬け

ゆで卵のみそ漬けはよくあるけど、"酢みそ"というのがミソ。
まったりとして濃厚なうまさなのに、くどくない。
もちろん、つまみにもなる。

材料（作りやすい分量）
卵…5個
A｜みそ…100g
　｜酢…1/4カップ
　｜砂糖…30g

作り方
1 なべに卵とかぶるくらいの水を入れ、好みのかげんにゆで、殻をむく。
2 Aをよくまぜて保存容器に入れ、1を漬け、冷蔵庫に入れる。2日目くらいからが食べごろ。

「作りおきおかず」

【保存】冷蔵 約2週間

かぼちゃの塩バター煮

いつもの煮物に飽きたら、少し趣向を変えて作ってみよう。
かぼちゃのほっくりした甘みに、バターのコクと香りがよく合う。
黒こしょうでアクセントをつけるといい。

材料（3〜4人分）
かぼちゃ…½個（約400g）
バター…15g
A　水…2カップ
　　みりん…大さじ2
　　塩…大さじ½
あらびき黒こしょう…少々

作り方
1. かぼちゃは一口大に切り、皮をところどころむく。
2. フライパンに皮を下にして重ならないように並べ入れ、Aを加えて火にかける。煮立ったらアルミホイルで落としぶたをし、10分煮る。
3. 中まで火が通ったら、バターを加えてからめる。器に盛り、黒こしょうを振る。

【保存】冷蔵 約5日

鶏レバーのしょうが煮

疲れたとき、貧血ぎみのとき、鉄分補給といえばこれ。
しょうがは"あと入れ"が笠原流。

材料（作りやすい分量）
鶏レバー…200g
しょうが…20g
A　酒…¾カップ
　　しょうゆ…大さじ2
　　砂糖…大さじ1

作り方
1. レバーは食べやすく切って血のかたまりをとり、熱湯でさっとゆでる。水で洗い、水けをきる。
2. なべにA、1を入れて火にかけ、煮立ったらアクをとる。しょうがをせん切りにして加え、煮汁がなくなるまで煮る。

【保存】冷蔵 約5日

【保存】冷蔵約5日

豆こぶ

箸休めにあるとうれしい、昔ながらの常備菜。
朝ごはんにも、おべんとうにも、晩ごはんにも、
あらゆるシーンで活躍してくれる。

材料（作りやすい分量）
大豆…200g
早煮こぶ…20g
しょうゆ…大さじ3
砂糖…80g

作り方

1 大豆はさっと洗い、たっぷりの水に1時間ほどつけてもどし、ざるに上げる。

2 こぶはキッチンばさみなどで一口大に切る。

3 なべに水5カップ、**1**、**2**を入れ、弱火で3～4時間煮る。途中、水が少なくなったら足し、常に豆が煮汁につかっている状態をキープする。

4 豆がやわらかくなったら、しょうゆ、砂糖を3回に分けて加え、煮汁がなくなるまで煮る。

梅きのこ

僕は梅干し好きなので、梅を調味料として使うことも多い。
和風の甘辛味に、酸味がピシッとしたアクセントになる。

材料（作りやすい分量）
しいたけ…4個
しめじ…1パック
えのきだけ…1袋
エリンギ…2本（1パック）
梅干し…4個
A ┃ だし…1カップ
　　 ┃ みりん、しょうゆ…各20mℓ

作り方

1 きのこはそれぞれ石づきや軸、根元を落とし、手でほぐす。

2 梅干しは種をとり、包丁でたたく。

3 なべに**1**、**2**、**A**を入れて火にかけ、汁けがなくなるまで中火で煮る。

「作りおきおかず」

【保存】冷蔵約2週間

じゃこえびセロリ

この料理のポイントとなるのは、実はセロリ。
独特の香りが、ちょっと大人の味に仕上げてくれる。
じゃこと桜えびで、食感もいい。

材料（作りやすい分量）
ちりめんじゃこ…50g
桜えび…20g
セロリ…80g
A │ 酒…大さじ2
  │ しょうゆ、みりん
  │ …各大さじ1
ごま油…大さじ1
あらびき黒こしょう
  …少々

作り方

1 セロリは筋をとり、小口切りにする。

2 フライパンにごま油を熱し、1、じゃこ、桜えびを入れて弱火でいためる。香りが立ったらAを加えてからめ、黒こしょうを振る。

【保存】冷蔵 約1週間

野菜の南蛮漬け

野菜は揚げたてを調味液につけると、味がよくなじむ。
多めに作って冷蔵庫に常備しておけば、
野菜不足も解消できる。

材料（作りやすい分量）
なす…2個
にんじん…½本
赤ピーマン…1個
かぼちゃ…⅙個
ベビーコーン…6本
A │ だし…1½カップ
  │ 酢…¾カップ
  │ しょうゆ、砂糖
  │ …各大さじ2
たかのつめ…2本
揚げ油…適量

作り方

1 なべにAを入れて火にかけ、煮立ったら火を止める。

2 なすは1.5cm厚さの輪切りにし、にんじんは乱切りにする。赤ピーマンは種とへたをとって一口大に切る。かぼちゃは種とわたをとり、1cm厚さに切る。

3 揚げ油を170度に熱し、2、ベビーコーンを火が通るまで揚げる。

4 保存容器に3、1を入れ、たかのつめを加える。落としラップをし、ふたをして冷蔵庫で半日以上おく。

【保存】冷蔵 約1週間

きゅうりのキューちゃん風

煮立った漬け汁に、きゅうりを入れて冷ます。
これを3回くり返すことで、味をしっかりしみ込ませる。
保存性が高く、なによりおいしい。

材料（作りやすい分量）
きゅうり…5本
しょうが…大1かけ（20g）
塩…大さじ1
A｜しょうゆ…180ml
　｜砂糖…120g
　｜酢…大さじ4

作り方

1. きゅうりは5mm厚さの小口切りにする。ボウルに入れ、塩をまぶして30分ほどおき、しっかりと水けをしぼる。しょうがはせん切りにする。
2. なべにAを入れてひと煮立ちさせ、1を加えてすぐに火を止める。コンロからおろし、キッチンペーパーをかけて冷ます。
3. きゅうりをいったんとり出し、煮汁の入ったなべを火にかける。煮立ったらきゅうりを戻し入れてすぐに火を止め、再び冷ます。これをもう一度くり返し、冷めたら煮汁とともに保存容器などに入れ、冷蔵庫で保存する。

漬け汁を煮立たせ、きゅうりとしょうがを加え、すぐに火を止める。

キッチンペーパーをぴったりかぶせて冷まし、味をなじませる。

もう一度、煮汁を沸騰させ、とり出しておいたきゅうりを投入。だんだん味が入って濃い色に。

自家製べったら漬け

ほんのり甘く、やさしい味。甘酒を使えば、手軽に作れる。
こういうのが食卓にあると、すごくうれしい。

材料（作りやすい分量）
大根…500g
あら塩…大さじ1
A｜甘酒（米麹製）…240ml
　｜砂糖…大さじ4
　｜あら塩…小さじ½

作り方

1. 大根は皮つきのまま5mm厚さのいちょう切りにし、ざるに並べて天日に3時間ほど干す。
2. ボウルに入れ、あら塩をまぶして3時間ほどおく。
3. 水けをしぼり、Aをからめ、冷蔵庫で1日おく。

「漬け物」

【保存】冷蔵 約1週間

【保存】冷蔵 約4日

漬け物作りは、僕の趣味。店の梅干しなんかも自家製だし、地方で各地の味に出合うのも楽しい。野菜を買いすぎたときは、さっと漬け物にしておくと重宝する。まるで日もちするサラダだよね。

和風ピクルス

時間がおいしくしてくれるので、コツは何もなし！
風味づけに、ゆずを加える。刻んでタルタルソースに加えたりもできる。

材料（作りやすい分量）
大根、にんじん、きゅうり、
　みょうがなど … 合わせて500g
たかのつめ … 1本
ゆずの皮 … ½個分
A 水 … 2½カップ
　酢 … ½カップ
　塩 … 大さじ1½
　みりん … ¼カップ

作り方
1 野菜は食べやすく切る。
2 たかのつめは種をとり、小口切りにする。**A**はまぜ合わせる。
3 保存容器に**1**、**2**、ゆずの皮を入れ、キッチンペーパーをぴったりかぶせる。1日後くらいから食べられる。

【保存】冷蔵 約1週間

切り干し大根のはりはり漬け

甘みと辛みをしっかりきかせた、パリパリと歯ごたえのいい漬け物。

材料（作りやすい分量）
切り干し大根 … 60g
にんじん … 50g
こぶ … 3g
A 酢、水 …… 各½カップ
　薄口しょうゆ、砂糖
　　… 各大さじ3
たかのつめ … 1本

作り方
1 切り干し大根はたっぷりの水でもみ洗いし、ゴミやよごれを落とす。ひたひたの水に20分ほどつけてもどし、水けをしっかりしぼる。にんじんはせん切りにする。
2 なべに**A**、こぶを入れて火にかけ、煮立ったらこぶをとり出し、せん切りにしてなべに戻し入れる。
3 保存容器に**1**、**2**を入れ、たかのつめをのせる。冷蔵庫に入れ、1日後から食べられる。

【保存】冷蔵 約1週間

なすのからし漬け

お店では、魚介とあえて先付けに出したり、肉料理のつけ合わせにしたり。いろいろ応用もできて、楽しめる。

材料（作りやすい分量）
なす … 4個
A 砂糖 … 50g
　酒 … 40mℓ
　粉からし、塩 … 各15g

作り方
1 なすは縦半分に切ってから、1cm厚さの半月切りにする。
2 ボウルに入れ、**A**を加えてよくもみ込む。落としラップをし、冷蔵庫で2時間以上おく。

【保存】冷蔵 約4日

トマトとみょうがの甘酢漬け

ミニトマトは漬け汁がしっかりしみ込むように、皮を湯むきする。色がきれいなので、おもてなしにもいい。

材料（作りやすい分量）
- ミニトマト…10個
- みょうが…6個
- 塩…少々
- A | 酢、水…各1カップ
    | 砂糖…80g

作り方
1. ミニトマトは沸騰した湯にさっとくぐらせ、皮を湯むきする。みょうがは根元を切り落とし、外側の1枚をとり、縦半分に切る。さっとゆでてざるに上げ、塩を振る。
2. ボウルにAを入れ、まぜ合わせて砂糖をとかす。1を加え、3時間以上漬ける。

【保存】冷蔵 約4日

大根の砂糖漬け

大根は大きいまま漬け、食べるときに、食べる分だけ切る。甘ずっぱくて、いくらでも食べられる。

材料（作りやすい分量）
- 大根…½本
- A | 砂糖…大さじ5
    | 酢…大さじ2
    | 塩…小さじ2

作り方
大根は縦4つに切り、保存袋に入れる。Aを加えてまぶし、1日おく。食べるときに、5mm厚さのいちょう切りにする。

【保存】冷蔵 約4日

【保存】冷蔵 約4日

漬け物

きゅうりのヨーグルト漬け

ヨーグルトとみそを合わせたところに、きゅうりを漬けたら、なんと、即席ぬか漬け風！

材料（作りやすい分量）
- きゅうり…3本
- 塩…少々
- A | プレーンヨーグルト…½カップ
    | みそ…100g
    | みりん…大さじ3

作り方
1. きゅうりは塩をまぶし、板ずりする。水で洗い、1cm厚さの輪切りにする。
2. Aをまぜ合わせて1を漬け、冷蔵庫で3時間以上おく。

【保存】冷蔵 約4日

キャベツとセロリの浅漬け

食べるときに一味とうがらしを振って、
ピリッと辛みのアクセント。
シャキシャキとサラダ感覚で食べられる。

材料（作りやすい分量）
- キャベツ … ½個
- セロリ … 1本
- A
  - 酢 … 大さじ1
  - 塩、砂糖 … 各小さじ1
- 一味とうがらし … 少々

作り方
1. キャベツの葉は一口大に切り、軸は薄切りにする。セロリは筋をとり、薄切りにする。
2. ボウルに入れ、Aを加えてよくもみ込み、落としラップをして1時間ほどおく。上下を返し、さらに1時間ほどおく。器に盛り、一味とうがらしを振る。

三色パプリカみそ漬け

カラフルで肉厚のパプリカ。
姿は洋風だけど、実はみそと驚くほど相性がいい。

材料（2人分）
- パプリカ（赤、黄、オレンジ） … 各½個
- A
  - みそ … 100g
  - 酒、砂糖 … 各大さじ2
  - みりん … 大さじ1

作り方
1. パプリカは縦半分に切り、へたと種をとる。
2. Aをまぜ合わせ、1を漬けて冷蔵庫で半日以上おく。
3. 食べるときは、みそを洗い流し、食べやすく切る。

【保存】冷蔵 約4日

白菜おかか漬け

削り節からうまみが出て、日ごとに味わい深くなる。
たっぷり作っても、きっとすぐ食べきってしまうはず。

材料（作りやすい分量）
- 白菜 … ¼個
- 削り節 … 10g
- 塩 … 小さじ1
- しょうゆ、みりん … 各大さじ2
- ゆずの皮 … 少々

作り方
1. 白菜は葉と軸に分け、葉はざく切りにし、軸は繊維に沿って5cm長さの拍子木切りにする。ボウルに入れ、塩を振ってもみ、10分ほどおく。
2. 水けをしっかりとしぼり、しょうゆ、みりん、削り節であえる。器に盛り、ゆずの皮のせん切りを散らす。

【保存】冷蔵 約4日

笠原特製 食べるたれ

ごはんにのせたり、焼き肉や野菜につけたり、いため物やあえ物の味つけに使ったり。
本当は秘伝にしておきたい、と思っている自信作3種。酒の肴にもなる。

薬味みそ

材料（作りやすい分量）
しいたけ…5個
玉ねぎ…1個
にんにく…2かけ
にんじん…½本
りんご…1個
しょうが…20g
大根…100g
A｜しょうゆ…½カップ
　｜みそ…50g
　｜砂糖、はちみつ、酢
　｜　…各大さじ2
　｜一味とうがらし…小さじ½
いり白ごま…大さじ2
ごま油…大さじ2

作り方

1 しいたけは石づきを切り落とし、玉ねぎ、にんにくとともにみじん切りにする。にんじん、りんご、しょうが、大根はすりおろす。

2 フライパンにごま油を熱し、玉ねぎ、しいたけ、にんにくを弱火でじっくりといためる。薄く色づいたら、にんじん、りんご、しょうが、大根を加え、香りが立つまでさらにいためる。

3 Aを加えて少し煮詰め、ごまを振り、火を止める。

【保存】冷蔵 約2週間

焦がし玉ねぎみそ

材料（作りやすい分量）
玉ねぎ…1個
塩…ひとつまみ
A｜みそ…100g
　｜砂糖…50g
　｜酒…¼カップ
　｜卵黄…2個分
サラダ油…大さじ1

作り方

1 玉ねぎは薄切りにする。フライパンにサラダ油を熱し、玉ねぎを入れ、塩を振ってあめ色になるまでじっくりといためる。

2 Aをまぜ合わせて1に加え、木べらでまぜながら弱火で火を入れ、みそくらいのかたさになったら火を止める。

【保存】冷蔵 約2週間

梅わさびのり

材料（作りやすい分量）
焼きのり…全形5枚
梅干し…2個
わさび…小さじ2
A｜酒、しょうゆ
　｜　…各½カップ
　｜砂糖…大さじ½

作り方

1 なべにAを入れ、のりをちぎって加え、そのままおいてふやかす。

2 弱火にかけ、木べらでまぜながら汁けがなくなるまで火を通し、火を止めてそのまま冷ます。

3 梅干しは種をとって包丁でたたき、わさびとともに2に加えてまぜる。

【保存】冷蔵 約2週間

6章

和のごちそう
なべ、行楽べんとう、おせち

春のお花見、夏の花火、秋のもみじ狩り、冬の宴会、なべ、おせち。季節ごとの恒例行事と、そこに必須のスペシャルな料理。家族や仲間が集まって、食べて飲んでしゃべって笑って。やっぱり和食は、楽しくておいしい。おせちも近ごろは手作りする人が少なくなってしまったようだけど、時間や手間はかかるものの、決してむずかしくはないので、作ってみてほしい。

ごちそう「なべ」

なべをいっしょに食べると、急に親しくなる気がする。なべをつつきながらだと話がはずむし、みんなで囲むなべは、バツグンにおいしい。なべってかなり、幸せな食べ物なのかもしれない。

» 魚の霜降り

1 ぶり、たい、鮭、たらなどの切り身魚を、食べやすい大きさに切って熱湯に入れる。

2 表面が白くなったら、網じゃくしなどでとり出し、冷水につける。よごれ、うろこ、余分な脂がとれる。

» 鶏肉の霜降り

1 鶏肉は余分な脂身と筋をとって食べやすい大きさに切り、熱湯に入れる。

2 表面が白くなったら、網じゃくしなどでとり出し、冷水にさらす。よごれや余分な脂がとれて、汁をにごらせずさっぱり味わえる。

> しょうゆベースのだしで、肉と魚介、野菜を煮る。
> いろいろな具を入れるなべだからこそ、
> 下ごしらえはていねいに。
> このなべのいちばんの楽しみは、
> たくさんのうまみが集結したスープにある。

王道！寄せなべ

材料（2〜3人分）
鶏もも骨つき肉…200g
たい（切り身）…200g
えび…6尾
ほたて貝柱（生食用）…4個
白菜…⅛個
水菜…⅓束
えのきだけ…1パック
ねぎ…1本
木綿どうふ…1丁（300g）
しょうゆだし（p.139参照）…適量

〈**自家製ポン酢しょうゆ**〉
水、しょうゆ、酢…各90mℓ
みりん…大さじ2
砂糖…小さじ1
ゆずのしぼり汁…1個分
こぶ（だし用）…3g

〈**もみじおろし**〉
大根、赤とうがらし…各適量

作り方

1 鶏肉、たいはそれぞれ一口大に切って霜降りにし（p.130参照）、水けをふく。

2 えびは殻つきのまま、背に切り目を入れて背わたをとる。ほたてはさっと水洗いし、水けをふいて一口大に切る。

3 白菜はざく切りにし、水菜は4cm長さに切る。えのきだけは根元を切り落としてほぐす。ねぎは斜め薄切りにする。とうふは8つに切る。

4 ポン酢しょうゆの材料をまぜ合わせる。大根に穴をあけて赤とうがらしをさし込み、すりおろして、もみじおろしを作る。大根おろしに一味とうがらしをまぜて作ってもよい。

5 なべにしょうゆだしを入れて火にかけ、煮立ったら1〜3を加えて煮る。煮えたものから、ポン酢しょうゆやもみじおろしで食べる。

しめ

卵ぞうすい

ごはんを加えてさらっと軽く煮、とき卵を回し入れてぞうすいにする。万能ねぎの小口切りを振り、ちょっとだけポン酢しょうゆをかけて食べるのが、僕の好きな食べ方。

材料（2〜3人分）
豚バラ薄切り肉…300g
玉ねぎ…1個
ねぎ…2本
九条ねぎ…½束
焼きどうふ…1丁（300g）
卵…2個
わりした（p.139参照）…適量

作り方
1. 玉ねぎは縦半分に切ってから、繊維を断ち切るように5〜6つに切る。ねぎは斜め薄切りにし、九条ねぎは斜め切りにする。焼きどうふは8つに切る。
2. 卵はボウルに割り入れてほぐし、湯せんにかけてもったりするまで泡立てる。
3. なべにわりしたを入れて火にかけ、煮立ったら豚肉、1を加えて煮、2につけて食べる。

豚とねぎたっぷりすき焼き

濃いめの甘辛いわりしたには、
脂とうまみの強い豚バラ肉が合う。
2種類のねぎと玉ねぎが、
豚肉のうまみをさらに引き立てる。
泡立てた卵は具にやさしくからみ、
生卵が苦手な人でも食べられる。

しめ

甘辛うどん

こってりとした甘辛味と、太めのうどんは相性よし！ 泡立てた卵が残っていたら、それもからめながら食べよう。僕なら、一味とうがらしをちょっと多いかな、くらいにきかせて食べる。

鮭にじゃがいも、玉ねぎと、
北海道のおいしさを詰め込んだなべ。
シャキシャキのもやしと万能ねぎを
アクセントに、バターでコクをプラス。
黒こしょうを強めに振ると、なおうまい。

ごちそうなべ

石狩なべ

材料（2〜3人分）
生鮭 … 3切れ
じゃがいも（メークイン）
　… 3個
玉ねぎ … 1個
万能ねぎ … 10本
もやし … 1袋（200g）
みそだし（p.139参照）
　… 適量
バター … 15g
あらびき黒こしょう … 少々

作り方

1　鮭は一口大に切って霜降りにし（p.130参照）、水けをふく。

2　じゃがいもは大きめの一口大に切り、玉ねぎはくし形に切る。万能ねぎは5㎝長さに切る。

3　なべにみそだしを入れ、じゃがいも、玉ねぎを加えて煮る。じゃがいもがやわらかくなったら、1、万能ねぎ、もやしを加えてさっと煮、バターを加え、黒こしょうを振る。

〆

みそバターラーメン

みそにバター、とくれば、やはりラーメンにしたくなる。残ったスープに蒸し中華めんを加えて、好みのかげんに煮ればOK。子どもにも大ウケすることまちがいなし。

「ごちそうなべ」

ほたてと鶏肉を使ったつみれは、
口の中でほろりとくずれるくらいに
やわらかく作る。
ほんのり甘みを感じる
塩味のスープに、ほたての
うまみがよく合う。

材料（2〜3人分）
鶏ひき肉 … 150g
ほたて貝柱（生食用）… 150g
A│塩 … 小さじ⅓
 │みりん … 大さじ1
 │かたくり粉 … 大さじ1
白菜 … ⅛個
ねぎ … 1本
しめじ … 1パック
三つ葉 … ½束
木綿どうふ … 1丁（300g）
塩だし（p.139参照）… 適量

作り方

1 ほたてはこまかく刻み、包丁でたたいてペースト状にする。ひき肉、**A**を加えてねりまぜる。

2 白菜はざく切りにし、ねぎは斜め切りにする。しめじは石づきを切り落としてほぐす。三つ葉は3cm長さに切る。とうふは8つに切る。

3 なべに塩だしを入れ、火にかける。煮立ったら**1**をスプーンで丸めては落とし入れ、つみれに火が通ったら**2**を加え、煮えたものから食べる。

つみれのたねを手でにぎり、親指と人さし指の間から丸くしぼり出し、スプーンですくってなべに入れる。

鶏ほたての
つみれなべ

しめ

白湯にゅうめん

ほたてと鶏肉から出た上品なだしには、僕なら、さっとゆでたそうめんを加えてにゅうめんにする。軽く食べられるから、たとえ満腹でもするっと入ってしまうこと請け合い。

カキとキャベツのみそなべ

カキの土手なべのマイルド版、といったところ。
カキはかたくり粉をまぶしてさっとゆでておくと、
うまみがとじ込められて、
口当たりもプリッとよくなる。

材料（2〜3人分）
カキ（むき身）…15個
キャベツ…¼個
にら…1束
しめじ…1パック
木綿どうふ…1丁（300g）
かたくり粉…適量
みそだし（p.139参照）…適量
一味とうがらし…少々

作り方

1. カキは洗い、かたくり粉をまぶして熱湯でさっとゆで、冷水にとり、水けをふく。

2. キャベツはざく切りにし、にらは5cm長さに切る。しめじは石づきを切り落としてほぐす。とうふは8つに切る。

3. なべにみそだしを入れて火にかけ、煮立ったらキャベツ、しめじを加える。

4. 再び煮立ったら、1、にら、とうふを加え、さっと煮て、一味とうがらしを振る。

カキはなべに加える前に、かたくり粉をまぶしてさっとゆでる。

ゆでたカキは、冷水にとる。表面がツルッとなめらかになり、食感はプルプル、うまみもしっかりキープできる。

〆 カキみそおじや

残ったスープにごはんを入れ、汁けが少なくなるまで煮込み、みそおじやにして食べる。カキのエキスが出たみそ味のスープを、余すことなくごはんに含ませよう！

脂がたっぷりのったかも肉は、
皮をしっかり焼きつけて、
余分な脂を落としてからなべへ。
野菜は、土の香りがするごぼう、
苦みのあるクレソンを合わせるとおいしい。

かもと
クレソンのなべ

ごちそう**なべ**

材料（2〜3人分）
合いがも胸肉…1枚
ねぎ…2本
ごぼう…100g
クレソン…2束
塩…少々
しょうゆだし（p.139参照）…適量
粉ざんしょう、あらびき黒こしょう…各少々

作り方

1 かも肉は余分な脂を切りとり、肉の面の膜はそぎ落とす。両面に軽く塩を振り、フライパンに皮目を下にして入れ、こんがりと焼く。途中、出てきた脂をキッチンペーパーでふく。上下を返し、肉の面をさっと色が変わるくらいまで焼き、そぎ切りにする。

2 ねぎは斜め薄切りにし、ごぼうは皮をこそげてささがきにする。クレソンはざく切りにする。

3 なべにしょうゆだしを入れて火にかけ、煮立ったら1、2を加えてさっと煮る。粉ざんしょう、黒こしょうを振って食べる。

 しめ **かも南蛮風そば**

「かも肉のうまみが出たスープには、日本そばがよく合う」とは、僕の修業先である吉兆のご主人の弁。クレソンを少し残しておいて、ざくざくと刻んで仕上げに散らすと、さらにうまい。

≫ かも肉の下ごしらえ

 かもは、肉の外側にはみ出した余分な脂身を切り落とす。

 肉の面の白い膜の部分は、かたいので、包丁ではぎとる。とった状態で売られていることも多い。

 フライパンで、油は引かずに、皮目を焼く。出てきた脂は、キッチンペーパーでふきとる。

 こんがりと焼き色がついたら返す。肉の面を、色が変わるくらいにさっと焼いて、とり出す。

もともと店のまかないで食べていた、
『賛否両論』の隠れた名物。
桜えびやこぶの香りとうまみ、
ラー油のキレのいい辛さが特徴。
食べたらきっと、ハマると思う!

笠原流 ラー油なべ

材料（2〜3人分）
豚バラ薄切り肉…150g
鶏手羽先…4本
白菜…1/8個
ねぎ…1本
しめじ…1パック
小松菜…1/3束
木綿どうふ…1丁（300g）
A │ 塩こぶ…10g
　│ 桜えび…10g
　│ にんにく…1かけ
　│ しょうが…10g
B │ だし…6カップ
　│ みそ…大さじ4
　│ 酒…大さじ3
　│ しょうゆ…大さじ2
　│ 砂糖、ラー油…各大さじ1
　│ すり白ごま…大さじ2

作り方

1. 豚肉は長ければ半分に切る。手羽先は関節から先を切り落とし、縦に半分に切る。手羽中を買ってきてもよい。
2. 白菜はざく切りにし、ねぎは斜め切りにする。しめじは石づきを切り落としてほぐし、小松菜は5cm長さに切る。とうふは8つに切る。
3. **A**はみじん切りにする。
4. なべに**3**、**B**を入れて火にかけ、煮立ったら**1**、**2**を加え、煮えたものから食べる。

ピリ辛つけめん

中華めんを"つけめん"にするのが、いちばんのおすすめ。めんをスープで煮て食べるのではなく、めんをゆでて冷やし、あたたかいスープにつけて食べる。これがいい。

大人のおでん

材料（2〜3人分）

ゆでだこ …100g
ちくわ …4本
ウインナソーセージ
　…4本
かぶ …4個
こんにゃく …100g

〈管ごぼうの肉詰め〉
ごぼう（太めのもの）
　…200g
鶏ひき肉 …100g
ねぎのみじん切り …1/3本分
A｜かたくり粉 …小さじ1
　｜しょうゆ、砂糖
　｜　…各小さじ1

〈きんちゃくチーズ卵〉
油揚げ …3枚
卵 …6個
ピザ用チーズ …30g
万能ねぎ …6本

〈えびしんじょしいたけ〉
えび …100g
はんぺん …50g
B｜塩 …ひとつまみ
　｜サラダ油 …小さじ1
　｜かたくり粉 …大さじ2
しいたけ …大6個
かたくり粉 …適量

C｜だし …9カップ
　｜薄口しょうゆ、
　｜　みりん …各90ml

作り方

1. たこは一口大に切り、竹ぐしに刺す。ちくわ、ソーセージは一口大に切り、交互に竹ぐしに刺す。かぶはくし形に切る。
2. こんにゃくは1cm厚さに切り、切り込みを入れて端をくぐらせ、手綱こんにゃくにし、下ゆでする。
3. 管ごぼうの肉詰めを作る。ごぼうは5cm長さに切り、水からやわらかくゆでる。中心部分を金ぐしでくりぬき、管状にする。ひき肉、ねぎ、**A**をねりまぜ、ごぼうに詰める。
4. きんちゃくチーズ卵を作る。油揚げは半分に切り、菜箸を転がして袋状に開く。チーズを等分して入れ、卵を1個ずつ割り入れ、さっとゆでた万能ねぎで口を結ぶ。
5. えびしんじょしいたけを作る。えびは殻と尾、背わたをとり、包丁でたたいてミンチ状にする。はんぺんはポリ袋に入れ、手でもんでつぶす。しいたけは軸を切り落とし、笠の裏側にかたくり粉をまぶす。えび、はんぺん、**B**をねりまぜ、しいたけに詰める。
6. なべに**C**を入れ、煮立ったらいったん火を止め、**1〜5**を加える。再び火をつけ、煮えたものから食べる。

しめ　大人の茶めし

たまに行く銀座のおでん屋さんをまねて、おでんを楽しんだあと、ごはんに汁をかけて食べてみた。これが、うまいのなんの！　黒こしょうを多めに振ると、味が引き締まってよりおいしい。

「ごちそうなべ」

えびしんじょしいたけや、
管ごぼうの肉詰めなど、
ひと手間かけたたねを入れると、
おでんがぐんとごちそうになる。

≫ 管ごぼうの肉詰めの作り方

1 ゆでたごぼうは、外側から1mmくらいの、切り口の色の変わり目に金ぐしをぐるりと刺す。反対側からも刺して、貫通させる。

2 中心部分を抜く。くりぬいたものはいっしょに煮てもいいし、きんぴらなどに使っても。

3 肉だねを詰めるときは、箸などで少しずつ押し込むように。ケーキ用のしぼり出し袋を使うと早い。

4 すき間なく詰めたら、管ごぼうの肉詰めのでき上がり！

笠原流 なべのだし4種と薬味8種

これさえ作れば、あとは、お好みの具を用意するだけ。
こぶは具を入れたあと、食べるときにとり除く。

1 しょうゆだし

和なべの定番、
薄めのしょうゆ味。
どんな食材にも合う。

材料（作りやすい分量）
水 …5カップ
薄口しょうゆ、みりん
　…各40mℓ
こぶ（だし用）…3g

作り方
なべに材料すべてを入れて火にかけ、煮立ったら火を止める。

2 塩だし

ほんのり甘みのある塩味。
繊細な魚介も持ち味を
生かして仕上げられる。

材料（作りやすい分量）
水 …6カップ
あら塩 …大さじ1
酒 …大さじ4
みりん …40mℓ
こぶ（だし用）…3g

作り方
なべに材料すべてを入れて火にかけ、煮立ったら火を止める。

3 みそだし

みそ2種類で深みを出す。
青背魚やカキなどの
個性的な食材にも合う。

材料（作りやすい分量）
水 …5カップ
信州みそ …大さじ3
白みそ …大さじ2
しょうゆ、みりん、砂糖
　…各大さじ1
こぶ（だし用）…3g

作り方
なべに材料すべてを入れて火にかけ、煮立ったら火を止める。

4 わりした

すき焼き用の甘辛味。
牛肉のほか、豚肉、鶏肉、
白身魚やさばにも合う。

材料（作りやすい分量）
水 …½カップ
みりん ……1カップ
酒、しょうゆ
　…各½カップ
こぶ（だし用）……3g

作り方
なべに材料すべてを入れて火にかけ、煮立ったら火を止める。

薬味で味に変化をつけると、なべがいっそう楽しくなる。
好みに合わせていくつか用意してみよう。

A　ポン酢しょうゆ
塩味のなべや、しょうゆ味のなべに。

B　あらびき黒こしょう
こってりとしたみそ味のなべや、脂ののっているかも肉や豚バラ肉などのなべに。洋風のなべにもぴったり。

C　粉ざんしょう
かも肉など脂ののった具材をさっぱりと食べたいときに。いわしなどのくさみのあるなべにも合う。

D　塩わさびごま油
海鮮しゃぶしゃぶ、野菜しゃぶしゃぶなどに。湯どうふにも。

E　万能ねぎの小口切り
あらゆるなべに。〆のごはんやめんなどに散らしても。

F　もみじおろし
寄せなべなどのしょうゆ味のなべに抜群に合う。

G　一味とうがらし
しょうゆ味やみそ味のなべに。こってりみそ味に振ると、キリッとした辛みがアクセントになる。

H　ねりがらし
こってりとしたみそ味のなべなどに。もちろん、おでんにも！

四季の「行楽べんとう」

季節のイベントや、持ち寄りパーティーにも活躍してくれる、少し豪華なおべんとう。おかずが多いから手間に見えるが、作り方はそれほどむずかしくない。このおべんとうで楽しい思い出がふえたら、僕もうれしい。

» ほたてのぶぶあられ揚げ

材料(4人分)
- ほたて貝柱(生食用)…4個
- 卵白…1個分
- 小麦粉…適量
- ぶぶあられ…50g
- 揚げ油…適量

作り方
1. ほたては洗い、水けをきって一口大に切る。卵白はときほぐす。
2. ほたてに小麦粉を薄くまぶし、卵白、ぶぶあられを順にまぶす。170度の揚げ油で、2～3分揚げる。

» 牛肉とアスパラガスの八幡巻き

材料(4人分)
- 牛薄切り肉…150g
- グリーンアスパラガス…4本
- 塩…少々
- かたくり粉…適量
- A │ 酒、しょうゆ、みりん…各大さじ2
    │ 砂糖…小さじ1
- サラダ油…大さじ1
- 粉ざんしょう…少々

作り方
1. アスパラガスは根元のかたい皮をむき、塩を加えた熱湯でかためにゆでる。
2. 1の水けをふいてかたくり粉をまぶし、牛肉を巻きつける。表面にもかたくり粉をまぶす。
3. フライパンにサラダ油を熱し、2を転がしながら中火で焼く。全体にしっかりとした焼き目がついたら、Aを加えてからめ、粉ざんしょうを振る。

» 菜の花の卵焼き

材料(4人分)
- 卵…3個
- 菜の花…1/3束
- 塩…少々
- A │ だし…大さじ3
    │ 砂糖…大さじ1
    │ 薄口しょうゆ…小さじ1
- サラダ油…適量

作り方
1. 菜の花は塩を加えた熱湯でかためにゆでる。あら熱がとれたら水けをしぼり、こまかく刻む。
2. ボウルに卵を割りほぐし、A、1を加えてまぜる。
3. 卵焼き器にサラダ油を熱し、2を3回に分けて流し入れては焼いて巻き、厚焼きにする。

» 新じゃがのごまあえ

材料(4人分)
- 新じゃが(または小ぶりのじゃがいも)…6個
- 塩…少々
- A │ すり白ごま…大さじ1½
    │ しょうゆ…大さじ1
    │ 砂糖…小さじ½
    │ ごま油…小さじ1

作り方
1. 新じゃがは皮つきのままきれいに洗い、塩を加えた水に入れてゆでる。やわらかくなったら、ざるに上げて冷ます。大きければ、一口大に切る。
2. Aをまぜ合わせ、1をあえる。

春(はる) 花見べんとう

桜の花や桜えびなど、
ピンク色の食材を使ったおべんとう。
たとえ桜がまだ見ごろでなくても、
おべんとうで花を感じて、
楽しい気持ちになって
もらえればな、と思う。

≫ たけのこ桜えびごはん

材料(4人分)
米…360ml(2合)
ゆでたけのこ…100g
油揚げ…½枚
桜えび…10g
こぶ(だし用)…3g(5cm角くらい)
A │ 水…1½カップ
  │ 薄口しょうゆ、酒…各大さじ2
B │ だし…1½カップ
  │ しょうゆ、みりん、酒…各大さじ1
桜の花の塩漬け(あれば)…適量
木の芽…少々

作り方

1. 米は洗い、水につけて30分おき、ざるに上げる。桜の花の塩漬けは水につけてもどす。
2. Aにこぶを加え、しばらくおく。
3. なべにたけのこ、Bを入れて火にかけ、20分ほど煮て味を含ませる。あら熱がとれたら一口大に切る。油揚げはこまかく刻む。
4. 炊飯器に1の米を入れ、2をこぶをとり除いて加え、まぜる。3、桜えびをのせ、普通に炊く。炊き上がったらさっくりまぜ、木の芽、桜の花の塩漬けを散らす。

花火を観ながら、
ビールを片手におべんとうをつまむ。
そんなワクワクする場面をイメージして、
手づかみで食べられる、
つまみ中心のおべんとうを
作ってみた。

夏 ビールで花火べんとう

» 梅しそじゃこまぜごはん

材料（4人分）
ごはん …600g
梅干し …2個
青じそ …5枚
ちりめんじゃこ …30g
すり白ごま …大さじ1

作り方

1 梅干しは種をとり、包丁でたたく。青じそはせん切りにし、さっと水洗いをし、水けをきる。

2 あたたかいごはんに、1、ちりめんじゃこ、ごまを加えてさっくりとまぜ、俵形ににぎる。

» うなぎの春巻き

材料（8本分）
春巻きの皮 …2枚
うなぎのかば焼き …1枚
あらびき黒こしょう …少々
かたくり粉 …少々
水どきかたくり粉 …少々
揚げ油 …適量
すだち …適量

作り方

1 うなぎのかば焼きは1cm幅に切り、黒こしょうを振り、かたくり粉をまぶす。

2 春巻きの皮を4つに切り、1を等分にしてのせ、くるくると巻く。巻き終わりを、水どきかたくり粉でとめる。

3 揚げ油を170度に熱し、2を入れて3〜4分揚げる。すだちを添える。

四季の「行楽べんとう」

» とうもろこしのみそでんがく

材料（4人分）
- とうもろこし…2本
- 塩…少々
- A
  - みそ…50g
  - 砂糖…大さじ1
  - 卵黄…1個分

作り方
1. とうもろこしは皮つきのまま塩を加えた熱湯でゆで、ざるに上げる。
2. あら熱がとれたら皮をむき、食べやすい大きさに切り、Aをまぜ合わせて塗る。オーブントースターなどでこんがりと焼く。

» 焼き枝豆

材料（4人分）
- 枝豆…1袋
- 塩…適量

作り方
1. 枝豆はさやつきのまま塩をまぶし、こすってうぶ毛をとる。水洗いをし、水けをきる。
2. フライパンに入れ、からいりして火を通し、塩を振る。

» かぼちゃのカレー煮

材料（4人分）
- かぼちゃ…½個
- A
  - だし…2カップ
  - しょうゆ、みりん…各40mℓ
  - カレー粉…大さじ1
- バター…10g

作り方
1. かぼちゃは種とわたをとり、食べやすい大きさに切る。
2. フライパンに皮目を下にして並べ、Aを加え、アルミホイルで落としぶたをして中火で煮る。
3. かぼちゃがやわらかくなったら強火にし、バターを加えてからめる。

» 鶏肉の南蛮焼き

材料（4人分）
- 鶏もも肉…1枚（250g）
- 玉ねぎ…½個
- にんにく…1かけ
- 大根…100g
- A
  - 酒、しょうゆ、みりん…各大さじ2
  - 酢…大さじ1
- 小麦粉…適量
- サラダ油…大さじ1
- いり白ごま…適量
- 一味とうがらし…少々

作り方
1. 玉ねぎはみじん切りにし、にんにく、大根はすりおろしてAとまぜる。
2. 鶏肉は余分な脂と筋をとって一口大に切り、小麦粉をまぶす。
3. フライパンにサラダ油を熱し、2を皮目を下にして入れ、こんがりと焼く。返して身側も焼き、火が通ったらとり出す。
4. 1を3のフライパンに入れて5分ほどいため、鶏肉を戻し入れ、全体にからめる。ごま、一味とうがらしを振る。

秋に旬を迎える食材を、これでもか！と詰め込んだおべんとう。柿やにんじんなど、赤いものを使うだけで、気分はすっかりもみじ狩り。実際には行けない人も、おべんとうで紅葉を満喫してもらえればうれしい。

秋 紅葉べんとう

≫ 菊花かぶの甘酢漬け

材料（作りやすい分量）
かぶ … 4個
塩 … 少々
A │ 水、酢
　│ 　… 各1カップ
　│ 砂糖 … 80g
たかのつめ … 1本
ゆずの皮 … 少々

作り方

1 かぶは皮を厚めにむいて1.5cm厚さに切り、切り口に1mm幅の格子状の切り込みを入れる。1.5cm角に切り、塩を振ってしばらくおく。

2 ボウルにAを入れてまぜ、砂糖をとかす。1を軽くしぼって漬け、たかのつめ、ゆずの皮も加えて3時間〜一晩おく。

≫ さつまいもと柿のサラダ

材料（4人分）
さつまいも … 1本
柿 … 1個
万能ねぎ … 適量
塩 … 少々
A │ マヨネーズ … 大さじ2
　│ すり白ごま … 大さじ1
　│ しょうゆ … 大さじ1
　│ あらびき黒こしょう
　│ 　… 少々

作り方

1 さつまいもは皮つきのまま一口大に切り、塩を加えた水に入れてゆでる。やわらかくなったらざるに上げ、水けをきる。

2 柿は一口大に切り、万能ねぎは小口切りにする。

3 Aをまぜ合わせ、1、柿を加えてあえ、万能ねぎを散らす。

四季の行楽べんとう

≫ 鶏だんごとくりの甘煮

材料（4人分）
鶏ひき肉 … 300g
くり … 8個
さやいんげん … 8本
玉ねぎ … 300g
塩 … 少々
A｜とき卵 … ½個分
　｜しょうゆ、かたくり粉、
　｜砂糖 … 各大さじ1
B｜しょうゆ、酒、
　｜みりん、水
　｜… 各大さじ2
　｜砂糖 … 小さじ1
サラダ油 … 大さじ1

作り方
1. くりは鬼皮をむき、塩を加えた熱湯でゆで、あら熱がとれたら渋皮をむく。いんげんは長さを半分に切る。
2. 玉ねぎはすりおろし、水けをしっかりとしぼる。
3. ボウルにひき肉、2、Aを入れ、粘りが出るまでねりまぜる。
4. フライパンにサラダ油を入れ、3を丸めながら並べて火にかけ、3分ずつ両面を焼く。火が通ったら、1を加えていため合わせ、Bを加えてからめる。

≫ きのこごはんの肉巻き

材料（4人分）
米 … 360ml（2合）
しめじ … 1パック
しいたけ … 4個
豚バラ薄切り肉 … 150g
こぶ（だし用）
　… 3g（5cm角くらい）
A｜水 … 1½カップ
　｜薄口しょうゆ、酒
　｜… 各大さじ2
塩 … 少々
ごま油 … 適量

作り方
1. 米は洗い、水につけて30分おき、ざるに上げる。Aにこぶを加え、しばらくおく。
2. しめじは石づきを切り落としてほぐす。しいたけは軸を切り落とし、薄切りにする。
3. 炊飯器に1を入れ、こぶをとり除いてまぜ、2をのせて普通に炊く。
4. 3を一口サイズの俵形にしっかりにぎり、豚肉を巻きつけて塩を振る。
5. フライパンにごま油を熱し、4を入れて転がしながら、全体に焼き色がつくまで焼く。

≫ いかとなすのもみじ焼き

材料（4人分）
するめいか … 1ぱい
なす … 2個
にんじん … 50g
A｜酒、しょうゆ、
　｜みりん … 各大さじ2
サラダ油 … 大さじ2
一味とうがらし … 少々

作り方
1. いかは胴から足を抜き、軟骨をとる。胴は皮をむき、表面にこまかく斜めの切り目を入れ、一口大に切る。足はわたを切り離し、目、くちばしをとり、吸盤をとって食べやすく切る。
2. なすは乱切りにし、にんじんはすりおろす。Aはまぜ合わせる。
3. フライパンにサラダ油を熱し、1、なすをいためる。火が通ったら、にんじんのすりおろしを加え、香りが立つまでいためる。Aを加えてからめ、一味とうがらしを振る。

冬

宴会べんとう

≫ かにごはん

材料（4人分）
米 … 360㎖（2合）
かにのむき身 … 100g
三つ葉 … 5本
こぶ（だし用）
　… 3g（5cm角くらい）
A ┃ 水 … 320㎖
　┃ 白しょうゆ、
　┃ 　酒 … 各20㎖

作り方

1 米は洗い、水につけて30分おき、ざるに上げる。Aにこぶを加え、しばらくおく。

2 かにの身はほぐす。三つ葉は茎だけをこまかく刻む。

3 炊飯器に1を入れ、こぶをとり除いてまぜ、普通に炊く。蒸らすときにかにの身を加え、蒸らし終わったらさっくりまぜて、三つ葉を散らす。

≫ ゆり根の梅あえ

材料（4人分）
ゆり根 … 1個
塩 … 少々
A ┃ 梅肉 … 大さじ1
　┃ みりん … 大さじ1
＊梅肉は梅干しの種をとり除き、包丁でたたいたもの。

作り方

1 ゆり根は根を切り落とし、1枚ずつはがす。よごれを包丁で削りとり、大きいものは2～3つに切り分ける。

2 塩を加えた熱湯で1をさっとゆで、ざるに上げて冷ます。

3 Aをまぜ合わせ、2をあえる。

四季の「行楽べんとう」

» 鶏肉のりんご蒸し

材料（4人分）
鶏手羽元…8本
りんご…1個
A｜酒…大さじ3
　｜しょうゆ…大さじ2
　｜にんにくのすりおろし
　｜　…小さじ½
塩…適量
あらびき黒こしょう…少々

作り方
1　りんごは皮つきのまますりおろし、Aとまぜ合わせる。
2　手羽元は塩少々を振ってフライパンに並べ、こんがりと焼く。1を加え、アルミホイルで落としぶたをして弱火で30分ほど煮る。塩、黒こしょうで味をととのえる。

» ぶりとねぎのくし焼き

材料（4人分）
ぶり…2切れ
ねぎ…2本
A｜酒、みりん
　｜　…各¼カップ
　｜しょうゆ…20㎖
塩…少々
あらびき黒こしょう
　…少々
サラダ油…大さじ1
ゆずの皮…少々

作り方
1　ぶりは骨と皮をとり、一口大に切る。ねぎは3㎝長さに切る。竹ぐしにねぎとぶりを交互に刺す。
2　Aはまぜ合わせる。
3　フライパンにサラダ油大さじ½を熱し、1の半量を塩、黒こしょうを振って並べ入れ、両面をこんがりと焼く。とり出して、ゆずの皮をすりおろして散らす。
4　フライパンにサラダ油大さじ½を熱し、残りの1を入れ、両面をこんがりと焼く。2を加え、全体にからめる。

» スモークサーモンの春菊巻き

材料（4人分）
スモークサーモン…100g
春菊…1束
塩…少々
A｜いり白ごま…大さじ1
　｜ごま油、みりん
　｜　…各小さじ1

作り方
1　春菊は葉をつみ、塩を加えた熱湯でさっとゆで、水けをよくしぼる。茎はみそ汁などに使う。
2　Aをまぜ合わせ、春菊を加えてあえ、サーモンで巻く。

» 里いもとごぼうのから揚げ

材料（4人分）
里いも…4個
ごぼう…1本
れんこん…1節
A｜だし…1½カップ
　｜しょうゆ、みりん
　｜　…各大さじ2
　｜砂糖…小さじ2
塩…少々
かたくり粉…適量
揚げ油…適量

作り方
1　里いもは一口大に切り、ごぼうは皮をこそげて乱切りにし、ともに水から5分ほどゆでる。
2　なべにA、水けをきった1を入れ、やわらかくなるまで煮る。火を止め、そのまま冷ます。
3　れんこんは薄切りにし、さっと洗って乾かす。160度に熱した揚げ油でじっくりと揚げ、カリッとしたらとり出し、塩を振る。
4　2の汁けをきってかたくり粉をまぶし、170度の揚げ油でカリッと揚げる。

年末年始は、なにかと人が集まることが多い。
そこで、持ち寄りパーティーにも使えるような、こじゃれた感じのおべんとうを考えた。
食材も、いつもより少しだけゴージャスに。ひと手間かけた蒸し物や揚げ物があると喜ばれる。

笠原流「おせち」

昔ながらの伝統的な料理をベースに、ボリュームやごちそう感を補ういまどきの味も盛り込んだ、僕流のおせち。全部ではなくても、何品かでも、この中から作ってみてもらえたら、うれしい。

「一の重」

かずのこ
田作り
黒豆
カステラ卵
くりきんとん
たたきごぼう
こぶ巻き

かずのこ

子孫繁栄を願う縁起物。はじめに米のとぎ汁につけることで、くさみや苦みがとれておいしくなる。

【保存】冷蔵 約5日
調味液につけた状態

材料（作りやすい分量）
かずのこの塩漬け … 400g
米のとぎ汁 … 適量
塩 … 適量
A｜ だし … 3カップ
　　しょうゆ … 1カップ
　　みりん … 1½カップ
　　砂糖 … 大さじ2
削り節 … 適量

作り方

1 かずのこは米のとぎ汁につけ、一晩おく。

2 薄皮を、ガーゼやキッチンペーパーなどで、ていねいにむく。

3 塩分濃度1％くらいの塩水を作り、2をつけて4～5時間おき、塩けがほどよく残るくらいに塩抜きをする。

4 Aをひと煮立ちさせ、容器に移して冷ます。3の水けをしっかりふいてつけ、半日ほどおく。

5 汁けをきって食べやすく切り、好みで削り節をまぶす。

表面の白っぽい薄皮を、ガーゼなどでやさしくこすって、ていねいにとり除く。

148

おせち作りの手順

1 時間のかかる黒豆から始めよう

おせちの中で、いちばん時間がかかるのが「黒豆」。もどすのに一晩、煮るのにできれば2日間、冷ましてから冷蔵庫で1日おきたいので、まず、これから作り始める。「ぶりの西京焼き」は、みそ床に漬けておく。かずのこも、とぎ汁につけたり、塩抜きしたりに時間が必要なので、早めに着手。

2 次に、日もちのする酢の物や甘いものを

酢を使った「紅白なます」や「たたきごぼう」、甘い味の「田作り」や「くりきんとん」「松前漬け」などは日もちがするので、こうした料理から作っては、冷蔵庫で保存。

3 残りの料理を仕上げて重詰め

「えびのうま煮」「焼き豚」「たいのきずし」「松風焼き」「カステラ卵」「こぶ巻き」「筑前煮」を作り、すべての料理が準備できたら、切り分けたり、仕上げたりして、重箱に詰めれば完成！

「二の重」
えびのうま煮
ぶりの西京焼き
松風焼き
焼き豚
たいのきずし
紅白なます
松前漬け

「三の重」
筑前煮

【保存】冷蔵 約10日

田作り

ごまめは、小さめのかたくちいわしの素干し。豊作や健康を願う料理として、おせちには欠かせない。カリッとするまでしっかりからいりするのがコツ。

材料（作りやすい分量）
ごまめ … 100g
A ┃ 水 … ¾カップ
　┃ しょうゆ … ¾カップ
　┃ 砂糖 … 90g
　┃ 酒 … 大さじ2
一味とうがらし … 少々
いり白ごま … 大さじ1
サラダ油 … 少々

作り方

1 ごまめはフライパンでからいりし、手でパキッと折れるくらいまでカリッとさせる。ざるにあけ、こまかいかすをとり除く。

2 フライパンにAを入れて火にかけ、とろりとするまで煮詰める。1を加えて手早くからめ、火を止める。一味とうがらし、ごまを加えてまぜる。

3 サラダ油を塗ったバットにとり出して広げ、冷ます。完全に冷める前に、頭の向きをそろえてまとめるとよい。

汁けが完全になくなるまで煮詰めると、冷めたとき、あめ状に固まってしまうので、このくらいで火を止め、バットにとり出す。

笠原流 おせち

黒豆

むずかしいと思われがちだけど、手順はとてもシンプル。
時間があれば煮るのに2日間ほどかけ、
冷ましてから、冷蔵庫でさらに1日おくのが理想。

材料（作りやすい分量）
黒豆…200g
砂糖…200g
しょうゆ…大さじ1

黒豆は一晩水につけて、しっかりもどす。皮がやぶれているものは、とり除く。

アクが出なくなったら、キッチンペーパーで落としぶたをしてコトコト煮る。

豆にしわが寄らないように、砂糖は3回に分けて加える。

作り方

1. 黒豆はさっと洗い、4倍量の水につけて一晩おく。
2. 皮がやぶけているものをとり除き、ざるに上げて水けをきる。
3. なべに入れ、水をひたひたに注いで火にかける。煮立ったらアクをとり、弱火にする。湯が減ってきたら足し、アクが出なくなったら、キッチンペーパーで落としぶたをし、ごく弱火で5時間以上煮る。
4. 指でつまんでつぶせるくらいになったら、砂糖の1/3量を加え、1時間ほど煮る。これをあと2回くり返す。
5. 仕上げにしょうゆを加え、火を止めてそのまま冷ます。

煮汁ごと容器に入れ

【保存】冷蔵 約5日

カステラ卵

僕のおせちには、だて巻きのかわりにこれ！
魚のすり身と卵を合わせ、甘く味つけして蒸し上げる。
ふわふわとやさしい食感が、大人にも子どもにも喜ばれる。

材料（作りやすい分量）
卵…4個
白身魚のすり身…100g
A｜みりん…大さじ4
　｜砂糖…30g
　｜塩…小さじ1/3

卵とすり身を、なめらかにまぜ合わせる。フードプロセッサーがなければ、すり鉢でまぜる。

蒸気が出る穴をふさがないように、蒸し器に箸を2本並べ、その上に型をのせて蒸す。

作り方

1. フードプロセッサーに卵、すり身を入れ、なめらかになるまでまぜ合わせる。Aを合わせて少しずつ加え、さらになめらかになるまでしっかりまぜる。
2. パウンド型（22×9×高さ6cm）にラップを敷いて1を流し入れ、まないたの上にトントンと軽く落として空気を抜き、表面を平らにする。
3. 蒸気の上がった蒸し器に入れ、キッチンペーパーをかぶせ、中火で20分ほど蒸す。表面を押してみて、弾力があれば蒸し上がり。冷ましてから型からはずし、食べやすく切る。

【保存】冷蔵 約3日

150

【保存】冷蔵約5日

くりきんとん

商売繁盛や金運をもたらすといわれる定番おせち。
盛りつけのときに、ピンクペッパーを散らして彩りのアクセントに。

材料（作りやすい分量）
- くりの甘露煮 … 10個
- さつまいも … 300g
- くちなしの実 … 1個
- A 水 … 1/2カップ
-   砂糖 … 200g
- ピンクペッパー … 適量

作り方
1. さつまいもは皮をむき、適当な大きさに切ってさっと洗う。くちなしの実はつぶし、ガーゼで包む。
2. なべに1を入れ、かぶるくらいの水を注いで火にかける。さつまいもがやわらかくなるまで、中火で煮る。
3. 2の水けをきり、裏ごしする。
4. 別のなべにA、3を入れ、中火にかけてまぜながら煮る。ぽってりしたら火を止め、くりの甘露煮を加えてまぜ、冷ます。器に盛り、ピンクペッパーを散らす。

さつまいもをゆでるときに、くちなしの実を加えると、あざやかな黄色にゆで上がる。

3の状態で
【保存】冷蔵約1週間

たたきごぼう

ごぼうは地中に長くまっすぐ根をはることから縁起がよいとされ、おせち料理にもよく使われる。甘い料理が多い中、素朴なさっぱりとした味がうれしい。

材料（作りやすい分量）
- ごぼう … 1本
- A 水 … 1/2カップ
-   酢 … 1/2カップ
-   砂糖 … 40g
-   こぶ（だし用）… 5g
- B 酢 … 大さじ2
-   薄口しょうゆ … 大さじ1
-   砂糖 … 大さじ1
-   すり白ごま … 大さじ1

作り方
1. ごぼうはよく洗い、なべに入る長さに切る。水から入れて、やわらかくなるまでゆで、とり出して冷ます。
2. めん棒でたたいて割り、3cm長さに切る。
3. Aをまぜ合わせ、2をつけて冷蔵庫で半日以上おく。
4. Bをまぜ合わせ、3を汁けをきって加え、あえる。

ごぼうをたたくことで、味がしっかりしみ込んでおいしくなる。

煮汁につけたまま

【保存】冷蔵約3日

こぶ巻き

にしんではなく鮭を巻き、実ざんしょうを加えて甘辛く煮る。
はじめに酒と酢で1時間ほど煮ることで、しっとりとやわらかく仕上げることができる。

材料（作りやすい分量）
- 早煮こぶ（10cm長さ）… 10枚
- かんぴょう … 50g
- 生鮭 … 300g
- 実ざんしょうの水煮 … 大さじ2
- A 酒 … 大さじ4
-   酢 … 大さじ2
- B しょうゆ … 大さじ5
-   砂糖 … 大さじ5
-   みりん … 大さじ2

作り方
1. ボウルに水10カップを入れ、こぶ、かんぴょうをつけて10分ほどおき、やわらかくもどす。もどし汁はとっておく。
2. 鮭は皮と骨をとり、5本の棒状に切る。
3. 1のこぶに2を1切れのせてきつめに巻き、これをもう1枚のこぶにのせてさらに巻く。2カ所をかんぴょうで結ぶ。同様にあと4本作る。
4. なべに並べ、1のもどし汁をひたひたに注ぎ、Aを加えて火にかける。煮立ったらアクをとって弱火にし、落としぶたをして1時間ほど煮る。
5. B、実ざんしょうを加え、煮汁がほとんどなくなるまで、さらに30分ほど煮る。そのまま冷まし、食べやすく切って器に盛る。

かんぴょうは長いまま巻きつけ、結んでから切る。

えびのうま煮

腰が曲がるまでの長寿を願う、おせちの花形料理。
色あざやかに仕上げるために、ゆでたらすぐ氷水にとり、
煮汁の中でひと煮立ちさせて火を止め、冷ましながら味を含ませる。

材料（作りやすい分量）
車えび（有頭）…10尾
塩…小さじ1
A ┃ だし…2½カップ
　┃ 薄口しょうゆ…25㎖
　┃ みりん…25㎖

作り方

1 えびは殻つきのまま、竹ぐしで背わたをとる。ひげは、キッチンばさみで切る。

2 なべに湯を沸かして塩を加え、**1**を入れ、色が変わるまで2分ほどゆでる。氷水にとって冷まし、水けをしっかりふく。

3 別のなべに**A**を入れて火にかけ、煮立ったら**2**を加え、再び煮立ったら火を止める。そのまま冷まし、味を含ませる。

頭のつけ根部分の、殻のすき間に竹ぐしを入れ、背わたをとる。

赤い色があざやかなまま仕上がるように、ゆでたらすぐ、氷水にとる。

【保存】冷蔵約5日

ぶりの西京焼き

ぶりはさくで用意し、皮を引いて、
重箱に詰めやすい大きさに切る。みそ床に漬けるだけで、
魚のうまみが凝縮されてぜいたくな味わいに。

材料（作りやすい分量）
ぶり…背身1さく
塩…少々
A ┃ 信州みそ…100g
　┃ 西京みそ…100g
　┃ 砂糖…60g
　┃ 酒…80㎖
みりん…少々

作り方

1 ぶりは皮をとり、1～1.5cm厚さに切る。両面に薄く塩を振って20分ほどおき、水けをしっかりふきとる。

2 **A**をよくまぜ合わせ、**1**の両面に薄く塗り、バットなどに入れて冷蔵庫で2日間おく。

3 みそをしっかりふきとってグリルに並べ、弱火で焦がさないように両面を焼く。仕上げにみりんを塗って照りを出す。

塩を振り、出てきた水けをしっかりふいて、くさみをとる。

2種類のみそを合わせたみそ床を、ぶりの両面に塗りつけて冷蔵庫へ。

2の状態で
【保存】冷蔵約5日

松風焼き

【保存】冷蔵 約3日

くるみやレーズンを加えるのは、修業先で習ったもの。
コクや甘みが加わって絶妙な味になる。

材料（作りやすい分量）
鶏ひき肉…300g
くるみ…50g
レーズン…30g
A | 酒…大さじ1
　| 砂糖…大さじ1
　| しょうゆ…大さじ1
B | 白みそ…大さじ1½
　| 砂糖…大さじ1
　| しょうゆ、みりん…各大さじ1
　| 卵…1個
　| 塩…ひとつまみ
けしの実…適量

作り方

1. ひき肉の半量をなべに入れ、Aを加えて弱火にかけ、木べらでまぜてほぐしながら火を通し、そのまま冷ます。

2. 残りのひき肉をすり鉢に入れ、くるみを加えてなめらかになるまですりまぜる。Bを合わせて加え、さらになめらかになるまですりまぜる。

3. 1を煮汁ごと2に加え、よくまぜてなじませる。レーズンも加え、ゴムべらなどでまぜ合わせる。

4. 流しかん（15.5×13.5×高さ4.5cm）に3を入れ、表面をならし、まないたの上にトントンと軽く落として空気を抜く。けしの実を振り、180度に予熱したオーブンで10〜15分焼く。

5. 冷ましてから、食べやすく切り分ける。

鶏ひき肉の半量は、酒、砂糖、しょうゆを加えて火を通す。

残りのひき肉は、くるみ、みそや卵などを順に加えてすりまぜ、火を通した肉と合わせる。フードプロセッサーを使ってもよい。

4の状態で
【保存】冷蔵 約5日

焼き豚

おせちにだって、ボリュームのある肉料理があってもいいかな、と作った1品。
つけ汁にウイスキーを加えることで極上の香りに。

材料（作りやすい分量）
豚肩ロースかたまり肉…400g
A | しょうゆ…½カップ
　| 砂糖…150g
　| 塩…小さじ1
　| ウイスキー…大さじ1
　| しょうがのすりおろし…小さじ1
　| にんにくのすりおろし…小さじ1
サラダ油…大さじ1
あらびき黒こしょう…少々
すだち、ゆずこしょう…各適量

作り方

1. 豚肉は厚みを半分に切り、フォークで全体を数カ所刺す。

2. Aをボウルに入れてまぜ合わせ、1を加えてよくもみ込み、冷蔵庫で2時間ほどおく。

3. フライパンにサラダ油を熱し、2を汁けをきって入れ、中火で表面をこんがりと焼く。

4. 余分な脂とフライパンのよごれをキッチンペーパーでふきとり、2のつけ汁を加え、弱火にして煮からめる。容器に汁ごととり出し、黒こしょうを振る。

5. 食べやすく切って器に盛り、すだち、ゆずこしょうを添える。

豚肉に調味料をもみ込む。ファスナーつきのポリ袋に入れてもよい。

汁けがなくなるまで煮詰めると味が濃くなりすぎるので、このくらい残っているところで火を止める。

たいのきずし

皮つきのさくに熱湯をかけて皮霜づくりにし、酢でしめる。
いつもの刺し身とは一味違ううまみが広がる。

材料（作りやすい分量）
たい（刺し身用）… 背身1さく
塩 … 大さじ1
A｜酢 … 1カップ
　｜水 … 1/2カップ
　｜砂糖 … 小さじ1
　｜こぶ（だし用）… 5g
黄ゆず … 少々
わさび … 適量

作り方

1 たいは塩を全体にまぶし、バットなどに入れてラップをかけ、冷蔵庫に入れて1時間以上おく。

2 1をまないたにのせて流しに立てかけ、皮目に湯をかけ、皮霜づくりにする。氷水につけて冷やし、塩も洗い流す。

3 Aをバットに入れ、2を水けをしっかりふいてつけ、ラップをぴったりかけて冷蔵庫で1時間ほどおく。途中、上下を返す。

4 3の汁をふき、皮目に切り目を入れ、食べやすく切る。わさびを添え、黄ゆずの皮をすりおろして散らす。

まんべんなくつかるよう、ラップを落としぶたのようにたいにぴったりはりつけてかぶせ、冷蔵庫へ。

3の状態で1日たったらつけ汁から出し
【保存】冷蔵 約5日

紅白なます

おめでたい彩りと、さっぱりとした味わいは、おせちに不可欠の名脇役。
お正月の野菜不足解消にも一役かってくれる。

材料（作りやすい分量）
大根 … 400g
にんじん … 200g
塩 … 小さじ1
A｜水 … 1カップ
　｜酢 … 1カップ
　｜砂糖 … 80g
　｜こぶ（だし用）… 10g
黄ゆず … 1/8個

作り方

1 大根、にんじんは皮をむいて5cm長さに切り、マッチ棒くらいの細切りにする。

2 塩をまぶしてしばらくおき、しんなりしたら、水けをしっかりしぼる。

3 Aをまぜ合わせ、2を加える。ゆずの皮をせん切りにして散らし、冷蔵庫で半日以上おく。

大根とにんじんは、まず5cm長さに切り、次に縦に薄切りにし、マッチ棒くらいの細切りにする。

【保存】冷蔵 約1週間

松前漬け

細切りこぶと、粘りの出るがごめこぶも加えて、おいしさもめでたさも2倍！
するめや干し貝柱の、濃厚なうまみの相乗効果がたまらない。

材料（作りやすい分量）
するめ … 50g
細切りこぶ … 50g
がごめこぶ … 10g
にんじん … 150g
干し貝柱 … 3個
赤とうがらし … 1本
A｜しょうゆ … 120mℓ
　｜酒 … 90mℓ
　｜みりん … 90mℓ
　｜砂糖 … 小さじ1

作り方

1 なべにAを入れてひと煮立ちさせ、冷ます。

2 するめは水につけてやわらかくし、キッチンばさみで細切りにする。にんじんは5cm長さの細切りにし、熱湯でさっとゆで、ざるに上げて冷ます。赤とうがらしは種をとって小口切りにする。

3 ボウルに2、細切りこぶ、がごめこぶ、干し貝柱を入れ、1を加えてよくまぜる。冷蔵庫に入れ、ときどきまぜながら半日以上おく。

調味液を加えたら、全体にからめるように、しっかりまぜ合わせる。

【保存】冷蔵 約1週間

笠原流おせち

筑前煮

れんこん、ごぼう、梅にんじんと、縁起のよい野菜がたっぷり。
根菜は下ゆでしてアクやぬめりをとり、
にごりのないすっきりとした味に仕上げる。

材料（作りやすい分量）
鶏もも肉 … 1枚
れんこん … 150g
ごぼう … 150g
にんじん … ½本
里いも … 4個
干ししいたけ … 4個
絹さや … 8枚
ごま油 … 大さじ1
A
　しいたけのもどし汁 … 2カップ
　こぶ（だし用）… 5g
　しょうゆ … 40㎖
　みりん … 40㎖
　砂糖 … 大さじ1

【保存】冷蔵約3日

根菜は下ゆでし、アクやぬめりをとる。

アルミホイルで落としぶたをし、火かげんは中火のまま、汁けをとばしつつ煮る。

作り方

1. 干ししいたけは水につけて10分おき、一度水を捨て、水2カップを加えてやわらかくなるまでもどす。水けをきって石づきをとり、一口大に切る。もどし汁はとっておく。

2. れんこんは皮をむき、切りやすいようにさっとゆで、一口大に切る。ごぼうはきれいに洗って乱切りにし、里いもは皮をむいて水にさらす。

3. にんじんは梅の形に切る。絹さやは筋をとる。鶏肉は一口大に切る。

4. 2を水から5分ほどゆでる。とり出して水にさらし、ざるに上げて水けをきる。

5. フライパンにごま油を熱し、鶏肉を皮目からこんがりと焼く。4、しいたけ、にんじんを加えていため合わせ、Aを加え、アルミホイルで落としぶたをして、中火で15分ほど煮る。

6. 絹さやを加えて2〜3分煮、火を止めてそのまま冷ます。

おせちの詰め方

すべての料理ができ上がったら、仕切りやあしらいに使う葉なども用意して、重箱に詰める。色や形のバランスを考えながらギュッと詰め、持ったときにずっしりと重みを感じるおせちが、僕はいいと思う。一の重で、詰め方の基本を紹介する。

1 はじめは角から！

「黒豆」や「くりきんとん」などは、小さな器に入れてから重箱へ。4つの角から詰めていくとバランスがとりやすいので、まず、この2品を2つの角へ。

2 形のあるものを残りの角に

残りの角に、形が決まっていてぴったりおさまりそうな、「カステラ卵」と「こぶ巻き」を詰める。日本料理は奇数が基本といわれるけど、あえて1切れ残したりするのもナンセンスだし、こだわりすぎる必要はないと思う。

3 間をうめるように詰める

つづいて、場所を選ばず詰めやすい「かずのこ」と「たたきごぼう」を、あいているところに詰める。汁けのあるものは、味移りや傷みを防ぐために、いったんキッチンペーパーなどにのせて、しっかり汁をきってから詰めること。

4 葉などをあしらって完成！

「田作り」を詰め、南天の葉をあしらえば、一の重のでき上がり。

※写真の重箱は18×18×高さ5.5cmのもの。

さくいんは p.159 からです

納豆みょうがきつね焼き ………… 55
和風ピクルス ………… 125
〈もやし〉
石狩なべ ………… 133
コーヤチャンプルー ………… 55
もやしとザーサイの煮びたし ………… 60
野菜たっぷりそうめん二郎 ………… 80
和風ビビンパ ………… 67
〈ゆり根〉
ゆり根の梅あえ ………… 146
〈レタス〉
牛カルビの焼き肉サラダ ………… 39
ささ身のタコライス ………… 70
ほたてサラダどん ………… 95
〈れんこん〉
根菜のきんぴら ………… 30
里いもとごぼうのから揚げ ………… 147
筑前煮 ………… 155
れんこんの明太あえ ………… 105
れんこん明太サラダ ………… 58

― いも ―

〈さつまいも〉
くりきんとん ………… 151
さつまいもと柿のサラダ ………… 144
さつまいもとひじきのサラダ ………… 58
さつまいものり塩フライ ………… 103
なんちゃってかき揚げどん ………… 109
〈里いも〉
いかと里いものじか煮 ………… 23
かす汁 ………… 97
里いもとごぼうのから揚げ ………… 147
里いも豚汁 ………… 95
筑前煮 ………… 155
〈じゃがいも〉
石狩なべ ………… 133
いろいろ野菜のすり流し ………… 99
笠原家の豚こまカレー ………… 27
黒ごまポテトサラダ ………… 102
じゃがいものごまきんぴら ………… 90
じゃがバタコーンのみそ汁 ………… 99
新じゃがのごまあえ ………… 140
手羽肉じゃが ………… 19
肉じゃが ………… 18
ポテクリコロッケ ………… 14
ポテトサラダ ………… 33
〈長いも・山いも〉
梅きゅうりの冷製とろろ汁 ………… 97
刺し身のサラダ仕立て ………… 51
長いもマッシュ ………… 63
日の丸そば ………… 79

― きのこ ―

あつあつなべ焼きうどん ………… 76
いろいろ野菜のすり流し ………… 99
いわしの梅煮 ………… 20
梅きのこ ………… 122
王道！寄せなべ ………… 131
大人のおでん ………… 138
カキとキャベツのみそなべ ………… 135
笠原家の野菜スープ ………… 96
笠原流ラー油なべ ………… 137
かす汁 ………… 97
きのこごはんの肉巻き ………… 145
牛肉ときのこの大葉バターいため ………… 43
切り干し大根の土佐煮 ………… 62
銀だらとしらたきの煮つけ ………… 47
ごま豚汁 ………… 98
しっとり鶏ひきおから ………… 120
すき焼き ………… 104
たいにゅうめん ………… 80
筑前煮 ………… 155
とうふオムレツ ………… 52
トマトとなめこの白みそペンネ ………… 81
鶏のすき煮 ………… 41
鶏ほたてのつみれなべ ………… 134
なめこのみそ汁 ………… 89
肉みそたっぷりジャージャーうどん ………… 76
深川どん ………… 71
豚肉のくず打ち沢煮椀 ………… 97
ほたてしんじょのお椀 ………… 97
薬味みそ ………… 128
和風ハンバーグ ………… 36

― 海藻 ―

梅わさびのり ………… 128
おかかとのりの簡単みそ汁 ………… 98
オクラとわかめのしらすあえ ………… 63
きゅうりとちくわのごま酢あえ ………… 63
切り干し大根のはりはり漬け ………… 125
こぶ巻き ………… 151
刺し身のサラダ仕立て ………… 51
さつまいもとひじきのサラダ ………… 58
さわらのわかめみそ蒸し ………… 51
のりべん ………… 108
ひじきの煮物 ………… 31
松前漬け ………… 154
豆こぶ ………… 122
もずくととうふのみそ汁 ………… 90
若竹煮 ………… 61

わかめ納豆あえ ………… 92

― 野菜の加工品 ―

〈こんにゃく・しらたき〉
大人のおでん ………… 138
銀だらとしらたきの煮つけ ………… 47
しらたきの黒こしょういため ………… 105
肉どうふ ………… 28
〈切り干し大根〉
切り干し大根の土佐煮 ………… 62
切り干し大根のはりはり漬け ………… 125
ししゃもと切り干しの南蛮漬け ………… 119
〈梅干し〉
アスパラの梅おかかあえ ………… 86
いわしの梅煮 ………… 20
梅きのこ ………… 122
梅キャベツ ………… 94
梅きゅうりの冷製とろろ汁 ………… 97
梅しそじゃこまぜごはん ………… 142
梅干し天ぷら ………… 106
梅わさびのり ………… 128
さばの梅みそ煮 ………… 25
たことすいかの冷やし中華 ………… 81
日の丸そば ………… 79
ゆり根の梅あえ ………… 146
〈たくあん〉
おかかたくあん ………… 64
ちくわん ………… 102

― ごはん ―

梅しそじゃこまぜごはん ………… 142
親子どん ………… 70
海鮮ひつまぶし ………… 71
笠原流TKG ………… 72
カツ茶づけ ………… 69
カツどん ………… 68
かにごはん ………… 146
きのこごはんの肉巻き ………… 145
牛こま玉 ………… 26
牛どん〜笠原家〜 ………… 94
鮭とキャベツの卵おじや ………… 73
ささ身のタコライス ………… 70
ソースカツどん ………… 69
たけのこ桜えびごはん ………… 141
ツナアボカドどん ………… 72
なんちゃってかき揚げどん ………… 109
ねぎしらすトマトどん ………… 73
のりべん ………… 108
深川どん ………… 71
豚肉のトマトしょうが焼きどん ………… 91

ほたてサラダどん ………… 95
みそカツどん ………… 69
焼き鳥どん ………… 66
和風ビビンパ ………… 67

― めん ―

あつあつなべ焼きうどん ………… 76
オイスター釜玉うどん ………… 77
王道！肉うどん ………… 75
思い出の焼きうどん ………… 74
温玉アボカドそうめん ………… 80
きつねうどん ………… 75
シャキシャキみょうが
　豚しゃぶうどん ………… 77
しらすとクレソンのぶっかけそば ………… 78
すだちそば ………… 78
たいにゅうめん ………… 80
たことすいかの梅冷やし中華 ………… 81
トマトとなめこの白みそペンネ ………… 81
肉みそたっぷりジャージャーうどん ………… 76
日の丸そば ………… 79
ふわとろ卵とじうどん ………… 75
昔ながらのマカロニサラダ ………… 32
野菜たっぷりそうめん二郎 ………… 80
やみつき納とうふそば ………… 79
和食屋のカレーうどん ………… 77

― 汁・スープ ―

あさりとベーコンの赤だし ………… 91
あさりと三つ葉のお吸い物 ………… 86
いろいろ野菜のすり流し ………… 99
うの花汁 ………… 98
梅きゅうりの冷製とろろ汁 ………… 97
おかかとのりの簡単みそ汁 ………… 98
笠原家の野菜スープ ………… 96
かす汁 ………… 97
ごま豚汁 ………… 98
里いも豚汁 ………… 95
じゃがバタコーンのみそ汁 ………… 99
玉ねぎと油揚げのみそ汁 ………… 96
とうふとみょうがのすまし汁 ………… 94
トマトと卵のスープ ………… 92
トマト豚汁 ………… 99
鶏肉と白菜の豆乳みそ汁 ………… 99
なすとかぼちゃのみそ汁 ………… 98
なめこのみそ汁 ………… 89
豚肉のくず打ち沢煮椀 ………… 97
ベーコンと大根のみそ汁 ………… 93
ほたてしんじょのお椀 ………… 97
もずくととうふのみそ汁 ………… 90

2 材料別さくいん

スモークサーモンの春菊巻き …… 147
鶏のすき煮 …… 41
和風ビビンパ …… 67

〈セロリ〉
キャベツとセロリの浅漬け …… 127
じゃこえびセロリ …… 123

〈大根〉
うの花汁 …… 98
笠原家の野菜スープ …… 96
かす汁 …… 97
紅白なます …… 154
ごま豚汁 …… 98
自家製べったら漬け …… 124
大根とほたて缶のサラダ …… 62
大根の砂糖漬け …… 126
鶏大根 …… 40
豚肉のくず打ち沢煮椀 …… 97
ぶり大根みそ仕立て …… 50
ベーコンと大根のみそ汁 …… 93
薬味みそ …… 128
和風ピクルス …… 125

〈たけのこ〉
たけのこ桜えびごはん …… 141
肉みそたっぷりジャージャーうどん …… 76
若竹煮 …… 61

〈玉ねぎ〉
あじのオイル漬け …… 118
石狩なべ …… 133
いろいろ野菜のすり流し …… 99
笠原家の豚こまカレー …… 27
笠原家の野菜スープ …… 96
かじきのしょうが焼き …… 50
カツどん …… 68
牛こま玉 …… 26
牛どん〜笠原家〜 …… 94
ゴーヤチャンプルー …… 55
焦がし玉ねぎみそ …… 128
ごま豚汁 …… 98
サーモンの冷製しょうがソース …… 46
さつまいもとひじきのサラダ …… 58
ししゃもと切り干しの南蛮漬け …… 119
すき焼き …… 104
玉ねぎと油揚げのみそ汁 …… 96
ツナアボカドどん …… 72
手羽肉じゃが …… 19
とうふオムレツ …… 52
鶏胸南蛮 …… 116
なすとかぼちゃのみそ汁 …… 98
なんちゃってかき揚げどん …… 109
肉じゃが …… 18
肉どうふ …… 28
煮豚と煮卵 …… 115

豚だんごのカレーあんかけ …… 42
豚とねぎたっぷりすき焼き …… 132
豚肉のトマトしょうが焼きどん …… 91
ほたてサラダどん …… 95
ポテトサラダ …… 33
昔ながらのマカロニサラダ …… 32
薬味みそ …… 128
和食屋のカレーうどん …… 77
和風ハンバーグ …… 36

〈とうもろこし・ベビーコーン〉
じゃがバタコーンのみそ汁 …… 99
とうもろこしのみそでんがく …… 143
野菜の南蛮漬け …… 123

〈トマト・ミニトマト〉
あじの竜田揚げ トマトあんかけ …… 47
牛カルビの焼き肉サラダ …… 39
ささ身のタコライス …… 70
刺し身のサラダ仕立て …… 51
たこのねぎ塩マリネ …… 48
トマトと卵のスープ …… 92
トマトとなめこの白みそペンネ …… 81
トマトとみょうがの甘酢漬け …… 126
トマト豚汁 …… 99
肉みそたっぷりジャージャーうどん …… 76
ねぎしらすトマトどん …… 73
豚肉のトマトしょうが焼きどん …… 91
ポークのトマト照り焼き …… 86
ほたてサラダどん …… 95

〈なす〉
いかとなすのもみじ焼き …… 145
さばの梅みそ煮 …… 25
天ぷら盛り合わせ …… 44
なすとかぼちゃのみそ汁 …… 98
なすと桜えびの田舎煮 …… 56
なすのからし漬け …… 125
なすの福神漬け風 …… 95
豚だんごのカレーあんかけ …… 42
野菜の南蛮漬け …… 123

〈菜の花〉
菜の花の卵焼き …… 140

〈にら〉
カキとキャベツのみそなべ …… 135
豚しゃぶキャベツのからし酢みそ …… 43

〈にんじん〉
いかとなすのもみじ焼き …… 145
いろいろ野菜のすり流し …… 99
うの花汁 …… 98
思い出の焼きうどん …… 74
笠原家の豚こまカレー …… 27

笠原家の野菜スープ …… 96
かす汁 …… 97
切り干し大根の土佐煮 …… 62
切り干し大根のはりはり漬け …… 125
紅白なます …… 154
根菜のきんぴら …… 30
サーモンの冷製しょうがソース …… 46
しっとり鶏ひきおから …… 120
筑前煮 …… 155
手羽肉じゃが …… 19
天ぷら盛り合わせ …… 44
鶏胸南蛮 …… 116
なんちゃってかき揚げどん …… 109
肉じゃが …… 18
にんじんシリシリ …… 107
にんじんのサラダ …… 57
ひじきの煮物 …… 31
豚肉のくず打ち沢煮椀 …… 97
ポテトサラダ …… 33
松前漬け …… 154
薬味みそ …… 128
野菜たっぷりそうめん二郎 …… 80
野菜の南蛮漬け …… 123
和風ピクルス …… 125
和風ビビンパ …… 67

〈ねぎ・万能ねぎ・わけぎ〉
あさりとベーコンの赤だし …… 91
あじの竜田揚げトマトあんかけ …… 47
厚揚げそぼろ煮 …… 54
あつあつなべ焼きうどん …… 76
石狩なべ …… 133
王道！ 肉うどん …… 75
王道！ 寄せなべ …… 131
親子どん …… 70
笠原流TKG …… 72
笠原流ラー油なべ …… 137
カツ茶づけ …… 69
かもとクレソンのなべ …… 136
牛カルビの焼き肉サラダ …… 39
黒ごまポテトサラダ …… 102
高野どうふのピリ辛煮 …… 53
鮭と厚揚げのピリ辛煮 …… 49
刺し身のサラダ仕立て …… 51
さわらのわかめみそ蒸し …… 51
たこのねぎ塩マリネ …… 48
チキン南蛮 …… 40
トマト豚汁 …… 99
鶏そぼろ …… 64
鶏肉のパリパリ焼き …… 90
鶏肉の和風ハンバーグ …… 37
鶏のすき煮 …… 41
鶏ほたてのつみれなべ …… 134
なめこのみそ汁 …… 89

肉みそたっぷりジャージャーうどん …… 76
ねぎしらすトマトどん …… 73
ねぎベーコンの卵焼き …… 54
深川どん …… 71
豚とねぎたっぷりすき焼き …… 132
ぶりとねぎのくし焼き …… 147
ふわとろ卵とじうどん …… 75
みそカツどん …… 69
焼き鳥どん …… 66
わかめ納豆あえ …… 92

〈白菜〉
王道！ 寄せなべ …… 131
笠原流ラー油なべ …… 137
鶏肉と白菜の豆乳みそ汁 …… 99
鶏のすき煮 …… 41
鶏ほたてのつみれなべ …… 134
白菜おかか漬け …… 127
白菜のからし漬け …… 91
ゆかり白菜 …… 103

〈ピーマン・パプリカ〉
アスパラとピーマンの揚げびたし …… 106
思い出の焼きうどん …… 74
さばのみそ煮 …… 24
三色パプリカみそ漬け …… 127
鶏胸南蛮 …… 116
パプリカの白あえ …… 59
豚だんごのカレーあんかけ …… 42
野菜の南蛮漬け …… 123

〈ほうれんそう〉
ほうれんそうのごまあえ …… 89

〈水菜〉
王道！ 寄せなべ …… 131
たいかぶら …… 49

〈三つ葉〉
あさりと三つ葉のお吸い物 …… 86
王道！ 肉うどん …… 75
親子どん …… 70
カツ茶づけ …… 69
しっとり鶏ひきおから …… 120
玉ねぎと油揚げのみそ汁 …… 96
とうふオムレツ …… 52
鶏肉と白菜の豆乳みそ汁 …… 99
鶏ほたてのつみれなべ …… 134
なんちゃってかき揚げどん …… 109
深川どん …… 71
豚肉のくず打ち沢煮椀 …… 97
ふわとろ卵とじうどん …… 75

〈みょうが〉
シャキシャキみょうが 豚しゃぶうどん …… 77
とうふとみょうがのすまし汁 …… 94
トマトとみょうがの甘酢漬け …… 126

さくいんは p.159 からです

〈白身魚のすり身〉
カステラ卵 150
ほたてしんじょのお椀 97
〈スモークサーモン〉
スモークサーモンの春菊巻き 147
〈するめ〉
松前漬け 154
〈ちくわ〉
大人のおでん 138
きゅうりとちくわのごま酢あえ 63
ちくわん 102
〈ちりめんじゃこ〉
梅しそじゃこまぜごはん 142
ししとうとじゃこのいため煮 61
じゃこえびセロリ 123
〈ツナ缶〉
ツナアボカドどん 72
〈はんぺん〉
大人のおでん 138
〈ほたて貝柱缶〉
大根とほたて缶のサラダ 62
ほたてサラダどん 95

— 卵 —

あつあつなべ焼きうどん 76
甘い卵焼き 29
オイスター釜玉うどん 77
大人のおでん 138
思い出の焼きうどん 74
親子どん 70
温玉アボカドそうめん 80
笠原流TKG 72
カステラ卵 150
カツどん 68
かまぼこのチーズピカタ 107
牛どん～笠原家～ 94
コーヤチャンプルー 55
鮭とキャベツの卵おじや 73
卵焼き 100
茶わん蒸し 55
とうふオムレツ 52
とうふのおかか焼き 53
トマトと卵のスープ 92
鶏手羽と卵のウスターソース煮 17
菜の花の卵焼き 140
肉みそたっぷりジャージャーうどん 76
煮豚と煮卵 115
ねぎベーコンの卵焼き 54
深川どん 71
豚とねぎたっぷりすき焼き 132
豚肉のトマトしょうが焼きどん 91

ふわとろ卵とじうどん 75
ポテトサラダ 33
みそカツどん 69
焼き鳥どん 66
ゆで卵の酢みそ漬け 120

— とうふ・大豆製品 —

〈とうふ〉
王道！寄せなべ 131
カキとキャベツのみそなべ 135
笠原流ラー油なべ 137
とうふオムレツ 52
とうふとみょうがのすまし汁 94
とうふのおかか焼き 53
とうふハンバーグ 103
鶏ほたてのつみれなべ 134
なめこのみそ汁 89
パプリカの白あえ 59
もずくととうふのみそ汁 90
やみつき納とうふそば 79
〈高野どうふ〉
高野どうふのピリ辛煮 53
コーヤチャンプルー 55
〈焼きどうふ〉
肉どうふ 28
豚とねぎたっぷりすき焼き 132
〈厚揚げ〉
厚揚げそぼろ煮 54
鮭と厚揚げのピリ辛煮 49
すき焼き 104
〈油揚げ〉
うの花汁 98
大人のおでん 138
きつねうどん 75
たけのこ桜えびごはん 141
玉ねぎと油揚げのみそ汁 96
納豆みょうがきつね焼き 55
ひじきの煮物 31
〈納豆〉
納豆みょうがきつね焼き 55
やみつき納とうふそば 79
わかめ納豆あえ 92
〈おから〉
うの花汁 98
しっとり鶏ひきおから 120
〈大豆・黒豆〉
黒豆 150
豆こぶ 122

— 野菜 —

〈青じそ〉
あじの竜田揚げ トマトあんかけ 47

梅キャベツ 94
梅しそじゃこまぜごはん 142
牛肉ときのこの大葉バターいため 43
ささ身のタコライス 70
たいしそ 64
たことすいかの梅冷やし中華 81
日の丸そば 79
れんこん明太サラダ 58
〈アボカド〉
温玉アボカドそうめん 80
ツナアボカドどん 72
〈枝豆〉
焼き枝豆 143
〈オクラ〉
オクラとわかめのしらすあえ 63
〈貝割れ菜〉
牛カルビの焼き肉サラダ 39
大根とほたて缶のサラダ 62
〈かぶ〉
大人のおでん 138
かぶとささ身のサラダ 59
菊花かぶの甘酢漬け 144
たいかぶら 49
〈かぼちゃ〉
かぼちゃのカレー煮 143
かぼちゃの塩バター煮 121
なすとかぼちゃのみそ汁 98
野菜の南蛮漬け 123
〈絹さや〉
筑前煮 155
緑の野菜のだしびたし 60
野菜たっぷりそうめん二郎 80
〈キャベツ〉
いろいろ野菜のすり流し 99
梅キャベツ 94
思い出の焼きうどん 74
カキとキャベツのみそなべ 135
笠原家の野菜スープ 96
カツ茶づけ 69
キャベツとしらすの酢の物 93
キャベツとセロリの浅漬け 127
鮭とキャベツの卵おじや 73
さわらのわかめみそ蒸し 51
ソースカツどん 69
豚しゃぶキャベツのからし酢みそ 43
豚肉のトマトしょうが焼きどん 91
野菜たっぷりそうめん二郎 80
〈きゅうり〉
梅きゅうりの冷製とろろ汁 97
牛カルビの焼き肉サラダ 39
きゅうりとちくわのごま酢あえ 63

きゅうりのキューちゃん風 124
きゅうりのヨーグルト漬け 126
ささ身のタコライス 70
さつまいもとひじきのサラダ 58
たことすいかの梅冷やし中華 81
肉みそたっぷりジャージャーうどん 76
ほたてサラダどん 95
昔ながらのマカロニサラダ 32
和風ピクルス 125
〈くり〉
くりきんとん 151
鶏だんごとくりの甘煮 145
〈グリーンアスパラガス〉
アスパラとピーマンの揚げびたし 106
アスパラの梅おかかあえ 86
牛肉とアスパラガスの八幡巻き 140
天ぷら盛り合わせ 44
緑の野菜のだしびたし 60
〈クレソン〉
かもとクレソンのなべ 136
しらすとクレソンのぶっかけそば 78
〈ごぼう〉
大人のおでん 138
かもとクレソンのなべ 136
ごぼうの塩きんぴら 57
根菜のきんぴら 30
里いもとごぼうのから揚げ 147
しっとり鶏ひきおから 120
たたきごぼう 151
筑前煮 155
深川どん 71
豚ごぼう 42
豚肉のくず打ち沢煮椀 97
ぶりごぼう 22
ぶりのごぼう照り焼き 48
和風ビビンパ 67
〈小松菜〉
あつあつなべ焼きうどん 76
笠原流ラー油なべ 137
かじきのごまじょうゆ焼き 92
〈さやいんげん〉
鮭と厚揚げのピリ辛煮 49
しらたきの黒こしょういため 105
鶏だんごとくりの甘煮 145
緑の野菜のだしびたし 60
〈ししとうがらし〉
ししとうとじゃこのいため煮 61
ししとうの塩焼き 100
焼き鳥どん 66
〈春菊〉
すき焼き 104

158

1 材料別さくいん

— 肉 —

〈鶏肉〉
- あつあつなべ焼きうどん ……… 76
- 王道！寄せなべ ……… 131
- 親子どん ……… 70
- 笠原流ラー油なべ ……… 137
- かぶとささ身のサラダ ……… 59
- ささ身のタコライス ……… 70
- 筑前煮 ……… 155
- チキン南蛮 ……… 40
- 手羽肉じゃが ……… 19
- 手羽の甘辛だれ ……… 112
- 鶏から揚げごまねぎポン酢 ……… 12
- 鶏大根 ……… 40
- 鶏手羽と卵のウスターソース煮 ……… 17
- 鶏肉と白菜の豆乳みそ汁 ……… 99
- 鶏肉の南蛮焼き ……… 143
- 鶏肉のにんにく照り焼き ……… 16
- 鶏肉のパリパリ焼き ……… 90
- 鶏肉のりんご蒸し ……… 147
- 鶏のすき煮 ……… 41
- 鶏ハム ……… 41
- 鶏胸南蛮 ……… 116
- 鶏もも肉の照り焼き ……… 100
- 鶏レバーのしょうが煮 ……… 121
- 焼き鳥どん ……… 66

〈豚肉〉
- 思い出の焼きうどん ……… 74
- 笠原家の豚こまカレー ……… 27
- 笠原流ラー油なべ ……… 137
- カツ茶づけ ……… 69
- カツどん ……… 68
- きのこごはんの肉巻き ……… 145
- コーヤチャンプルー ……… 55
- ごま豚汁 ……… 98
- 里いも豚汁 ……… 95
- シャキシャキみょうが豚しゃぶうどん ……… 77
- しょうゆ味とんカツ ……… 38
- ソースカツどん ……… 69
- トマト豚汁 ……… 99
- 肉じゃが ……… 18
- 煮豚と煮卵 ……… 115
- 豚ごぼう ……… 42
- 豚しゃぶキャベツのからし酢みそ ……… 43
- 豚だんごのカレーあんかけ ……… 42
- 豚とねぎたっぷりすき焼き ……… 132
- 豚肉のくず打ち沢煮椀 ……… 97
- 豚肉のしょうが焼き ……… 102
- 豚肉のトマトしょうが焼きどん ……… 91
- 豚肉のにんにくはちみつ漬け ……… 117
- ポークのトマト照り焼き ……… 86
- みそカツどん ……… 69
- 焼き豚 ……… 153
- 野菜たっぷりそうめん二郎 ……… 80
- 和食屋のカレーうどん ……… 77

〈牛肉〉
- 王道！肉うどん ……… 75
- 牛カルビの焼き肉サラダ ……… 39
- 牛こま玉 ……… 26
- 牛どん〜笠原家〜 ……… 94
- 牛肉とアスパラガスの八幡巻き ……… 140
- 牛肉ときのこの大葉バターいため ……… 43
- 牛肉の香味焼き ……… 105
- 牛肉のつくだ煮 ……… 119
- すき焼き ……… 104
- 肉どうふ ……… 28

〈かも肉〉
- かもとクレソンのなべ ……… 136

〈ひき肉〉
- 厚揚げそぼろ煮 ……… 54
- えびシューマイ ……… 114
- 大人のおでん ……… 138
- しっとり鶏ひきおから ……… 120
- とうふハンバーグ ……… 103
- 鶏そぼろ ……… 64
- 鶏だんごとくりの甘煮 ……… 145
- 鶏肉の和風ハンバーグ ……… 37
- 鶏ほたてのつみれなべ ……… 134
- 肉みそたっぷりジャージャーうどん ……… 76
- ポテクリコロッケ ……… 14
- 松風焼き ……… 153
- 焼き鳥どん ……… 66
- 和風ハンバーグ ……… 36
- 和風ビビンパ ……… 67

— 肉加工品 —

〈ウインナソーセージ〉
- 大人のおでん ……… 138

〈ハム〉
- 昔ながらのマカロニサラダ ……… 32

〈ベーコン〉
- あさりとベーコンの赤だし ……… 91
- いろいろ野菜のすり流し ……… 99
- ねぎベーコンの卵焼き ……… 54
- ベーコンと大根のみそ汁 ……… 93

— 魚介 —

〈あさり〉
- あさりとベーコンの赤だし ……… 91
- あさりと三つ葉のお吸い物 ……… 86
- 深川どん ……… 71

〈あじ〉
- あじのオイル漬け ……… 118
- あじの竜田揚げ トマトあんかけ ……… 47

〈いか〉
- いかと里いものじか煮 ……… 23
- いかとなすのもみじ焼き ……… 145
- 海鮮ひつまぶし ……… 71
- 天ぷら盛り合わせ ……… 44

〈いわし〉
- いわしの梅煮 ……… 20
- いわしのしぐれ煮 ……… 21

〈えび〉
- 王道！寄せなべ ……… 131
- 大人のおでん ……… 138
- えびシューマイ ……… 114
- えびのうま煮 ……… 152
- 天ぷら盛り合わせ ……… 44

〈カキ〉
- カキとキャベツのみそなべ ……… 135

〈かじき〉
- かじきのごまじょうゆ焼き ……… 92
- かじきのしょうが焼き ……… 50

〈かに〉
- かにごはん ……… 146

〈銀だら〉
- 銀だらとしらたきの煮つけ ……… 47
- 銀だらの西京焼き ……… 113

〈鮭〉
- 石狩なべ ……… 133
- 海鮮ひつまぶし ……… 71
- こぶ巻き ……… 151
- サーモンの冷製しょうがソース ……… 46
- 鮭と厚揚げのピリ辛煮 ……… 49
- 鮭とキャベツの卵おじや ……… 73
- 刺し身のサラダ仕立て ……… 51

〈さば〉
- さばの梅みそ煮 ……… 25
- さばのしょうがマヨネーズ焼き ……… 93
- さばの竜田揚げ ……… 106
- さばのみそ煮 ……… 24

〈さわら〉
- さわらのごまだれ焼き ……… 107
- さわらのわかめみそ蒸し ……… 51

〈たい〉
- 王道！寄せなべ ……… 131
- 刺し身のサラダ仕立て ……… 51
- たいかぶら ……… 49
- たいしそ ……… 64
- たいにゅうめん ……… 80
- たいのきずし ……… 154

〈たこ〉
- 大人のおでん ……… 138
- たことすいかの梅冷やし中華 ……… 81
- たこのねぎ塩マリネ ……… 48

〈ぶり〉
- ぶりごぼう ……… 22
- ぶり大根みそ仕立て ……… 50
- ぶりとねぎのくし焼き ……… 147
- ぶりのごぼう照り焼き ……… 48
- ぶりの西京焼き ……… 152
- ぶりの塩焼き ……… 88

〈ほたて〉
- 王道！寄せなべ ……… 131
- 海鮮ひつまぶし ……… 71
- 鶏ほたてのつみれなべ ……… 134
- ほたてしんじょのお椀 ……… 97
- ほたてのぶぶあられ揚げ ……… 140

〈まぐろ〉
- 海鮮ひつまぶし ……… 71
- 刺し身のサラダ仕立て ……… 51

— 魚介加工品 —

〈イクラ〉
- 温玉アボカドそうめん ……… 80
- 海鮮ひつまぶし ……… 71

〈うなぎのかば焼き〉
- うなぎの春巻き ……… 142

〈かずのこ〉
- かずのこ ……… 148

〈かまぼこ〉
- かまぼこのチーズピカタ ……… 107

〈からし明太子〉
- のりべん ……… 108
- れんこんの明太あえ ……… 105
- れんこん明太サラダ ……… 58

〈ごまめ〉
- 田作り ……… 149

〈桜えび〉
- 笠原流ラー油なべ ……… 137
- 桜えびと揚げ玉 ……… 64
- じゃこえびセロリ ……… 123
- たけのこ桜えびごはん ……… 141
- なすと桜えびの田舎煮 ……… 56
- なんちゃってかき揚げどん ……… 109

〈ししゃも〉
- ししゃもと切り干しの南蛮漬け ……… 119

〈しらす〉
- オクラとわかめのしらすあえ ……… 63
- キャベツとしらすの酢の物 ……… 93
- しらすとクレソンのぶっかけそば ……… 78
- ねぎしらすトマトどん ……… 73
- のりべん ……… 108

笠原将弘
Masahiro Kasahara

1972年東京生まれ。東京・恵比寿の日本料理店『賛否両論』店主。新宿『正月屋吉兆』にて9年間の修業後、武蔵小山にある実家の焼き鳥店『とり将』を継ぐ。『賛否両論』は2004年に開店。以来ずっと、予約のとれない人気店として有名。2013年には名古屋店をオープン。東北の復興支援、テレビ・ラジオなどのメディア出演、農林水産省認定・和食給食応援団など、和食を通じたさまざまな活動を行う。2023年に開設したYoutubeチャンネル「[賛否両論]笠原将弘のほそ道」では、軽妙なトークとともに調理のコツを惜しみなく披露して瞬く間に大人気に。

僕が本当に好きな
和食

著 者	笠原将弘（かさはら まさひろ）
発行者	大宮敏靖
発行所	株式会社主婦の友社
	〒141-0021 東京都品川区上大崎3-1-1目黒セントラルスクエア
	電話 03-5280-7537（内容・不良品等のお問い合わせ）／049-259-1236（販売）
印刷所	大日本印刷株式会社

■本のご注文は、お近くの書店または主婦の友社コールセンター（電話0120-916-892）まで。
＊お問い合わせ受付時間 月〜金（祝日を除く）10：00〜16：00
＊個人のお客さまからのよくある質問のご案内https://shufunotomo.co.jp/faq/

©Masahiro Kasahara 2016 Printed in Japan
ISBN978-4-07-418290-9

Ⓡ〈日本複製権センター委託出版物〉
本書を無断で複写複製（電子化を含む）することは、著作権法上の例外を除き、禁じられています。本書をコピーされる場合は、事前に公益社団法人日本複製権センター（JRRC）の許諾を受けてください。
また本書を代行業者等の第三者に依頼してスキャンやデジタル化することは、たとえ個人や家庭内での利用であっても一切認められておりません。
JRRC〈 https://jrrc.or.jp
eメール：jrrc_info@jrrc.or.jp 電話：03-6809-1281〉

の-011021

STAFF

撮影／原ヒデトシ、原 務（p.34、p.148〜155）
スタイリング／遠藤文香、池水陽子（p.148〜155）
デザイン／細山田光宣、藤井保奈（細山田デザイン事務所）
構成・文／藤岡美穂
編集担当／町野慶美（主婦の友社）